U0102461

中国古代大政治家的治国智慧

◎ 马平安 著

康熙勤政
巩固统一与理学治国

中国文史出版社

图书在版编目（CIP）数据

康熙勤政：巩固统一与理学治国 / 马平安著 . --
北京：中国文史出版社，2021.12
（中国古代大政治家的治国智慧）
ISBN 978-7-5205-3164-1

Ⅰ . ①康… Ⅱ . ①马… Ⅲ . ①康熙帝（1654-1722）- 生平事迹
Ⅳ . ① K827=49

中国版本图书馆 CIP 数据核字 (2021) 第 181639 号

责任编辑：窦忠如

出版发行：中国文史出版社
社　　址：北京市海淀区西八里庄路 69 号院　邮编：100142
电　　话：010-81136606　81136602　81136603（发行部）
传　　真：010-81136655
印　　装：廊坊市海涛印刷有限公司
经　　销：全国新华书店
开　　本：787×960　1/32
印　　张：7.75
字　　数：136 千字
版　　次：2022 年 9 月北京第 1 版
印　　次：2022 年 9 月第 1 次印刷
定　　价：44.00 元

作者简介

马平安，1964年生，河南卢氏人，历史学博士，中国社会科学院近代史研究所研究员、中国社会科学院大学教授。出版著作《晚清变局下的中央与地方关系》《近代东北移民研究》《北洋集团与晚清政局》《中国政治史大纲》《中国传统政治的基因》《中国近代政治得失》《走向大一统》《传统士人的家国天下》《黄帝文化与中华文明》《孔子之学与中国文化》等30余部，发表文章50余篇。

总　序　治理国家需要以史为鉴

　　世上任何事情的出现，都是一种因缘关系在起作用的结果。

　　这套即将问世的政治家与中国传统国家治理智慧的小丛书，即是本人对中国传统政治与文化多年学习与思考后水到渠成的一种自然的结果。

　　从宏观上来看，国家的治理是一项十分复杂的系统工程。但如果将这一复杂性和系统性作抽象的归类，其基本内容则主要只有两项，也就是《管子·版法解》中所说的"治之本二：一曰人，二曰事"。这其中，人才是关系国家兴衰的第一要素，所以《管子·牧民》篇又说："天下不患无臣，患无君以使之；天子不患无财，患无人以分之。"历史上，政治家对国家制度的探讨、官员的任用、民众的管理、财政的开发、外交的谋划、各种突发事件的应对及处理，等等，无不是对国家治理经验的丰富与积淀，而由这些内容所形成的政治文化，就成为中华民族文化中极其重要的组成部分。

中外古今大量历史经验表明，一个国家和民族的存在与发展，最根本的依赖是文化，以及由文化而产生出来的文化精神。民族的文化精神是一个国家和民族赖以生存和发展的支柱，是一个国家和民族的脊梁，代表着一个国家和民族的精气神。离开了文化和文化精神的支撑，该国家或民族的存在便无以为继。从周公到康熙皇帝，他们都是在中国乃至中华民族发展历史上作出了巨大贡献的杰出人物，他们缔造的政治制度、所展现的政治智慧，都成为中国文化精髓中的重要组成部分，对中华民族的传承与发展有着不可替代的支撑作用。

中国古人懂得总结历史经验教训的重要性，应该是从黄帝时代就开始了，但有明确文字记载的，则要从周人说起。

周人对历史经验的总结、回顾，从文王时代就已经有了明确的记载。《诗经·大雅·荡》篇引文王所说的"殷鉴不远，在夏后之世"，就是周文王针对殷纣王不借鉴也不重视夏后氏被商汤灭亡的教训所发出的叹惜。朱熹在其《诗集传》中说："殷鉴在夏，盖为文王叹纣之辞。然周鉴之在殷，亦可知矣。"文王一方面为殷纣王而叹惜，另一方面也以历史的经验教训作为周人的戒鉴。

殷商灭亡后，周武王、周公以及其他一些有为的周王和辅政大臣更是常常总结夏殷两代人的经验教训。这可以分成两个方面，一方面是对夏殷两代成功统治经验的总结以供学习、效法；另一方面是对夏殷两代执政者的罪过、错误和失败教训的总结以供戒惕。这种模式，可以说是开了中国人史鉴意识的先河。

　　周人思维的特征之一就是习惯以古观今，拿历史来借鉴、说明、指导现实以照亮未来前进的方向。周初统治者即是这种思维特征的代表人物。周公治理国家，不仅总结了夏殷两代失败的历史教训，而且还总结了夏殷先王成功的历史经验，并对这些经验予以高度的赞扬和汲取，从而开创了中国历史上的封建政治制度与建立了家国一体的文化意识。从《周易》《尚书》《诗经》《周礼》《仪礼》等若干先秦文献中，都可以看到周人具有的这种浓郁的史鉴意识。这种文化意识，深深地影响了中国人的文化与心理。

　　在现实生活中，我们在欣赏画作时，都知道每幅作品中藏着一个画魂，这个"魂魄"，往往代表了这幅画境界的高低与价值的大小。

　　以史观画，史学的作品，又何尝不是如此呢？

　　本丛书之"魂"，即是"传统国家治理的经验与教训"。这是一条古代政治家治理国家所汇集而成的波浪滔天、奔流不息的历史长河，在这条奔腾前行的河面上不时迸溅出交相辉映、绚丽夺目的朵朵浪花。

　　这也是一条关于中国古代治理智慧的珍珠玛瑙链，是对古代政治家治国理政智慧和务实政治原则的浓缩，是对古代统治者及关注政治与民生的政治思想家们勇猛精进所创造历史的经验教训的一种总结。

　　纵观中国古代治理史，夏、商、周三代，周公对国家的治理最具有代表性，他封邦建国，创建宗法制度、礼乐文化，以德治国，注重史鉴，对中国传统政治文化价值体系的形成和发展，有着独特的贡献。春秋时期，孔子对国家治理的思考与探索亦堪称典型。他把政治的实施过程看作是一个道德化的过程，十分强调执政者自己在政治实践中以身作则的表率作用，主张"礼治""德治""中庸"，十分强调统治者在治国理政中富民、使民、教民的重要性。战国时期，商鞅改革的成就史无前例。商鞅最重视国家的"公信力"，他主张用法治手段将国民全部集中于"农战"的轨道，"法""权""信"构成了他的治国三宝。在商鞅富国强兵政策的基础上，秦王嬴政实现了国家的统一。秦始皇所开创的中华帝制、郡县制，所拓展的疆域，进一步奠定了中华民族发展的基础。楚汉战争胜利后，刘邦建汉。作为一个务实且高瞻远瞩的政治家，他更具有史鉴意识，采用"拿来主义"，调和与扬弃周秦政治，他的伟大之处在于实行"秦果汉收"，兼采周公与秦始皇治国理政的长处，从而较好地解决了先秦中国政治遗产的继承和发展问题。汉武帝是继周公、孔子、秦始皇、汉高祖之后又一具有雄才大略的不世之主。他治国理政兼用王霸之道，在意识形态上采取文化专制主义，尊崇儒术，重视中央集权以及皇权的建设。三国两晋南北朝时期，因为分裂与战乱，这一时期鲜有在国家治理方面高水平的大政治家，其间尽管有曹操的挟天子以令诸侯、在北方开辟屯田；诸葛亮治理西蜀与西南地区，但皆无法与统一强大王朝的治理体系与能力相媲美。唐宋时代，唐太宗、宋太祖对国家的治理堪为后世示范。唐太宗的三省制衡机制、宋太祖对文官制度的重视与建设都很有特色。北宋后期有王安石变法，但这种努力以失败而告终，非但没有能够挽救北宋王朝，相反倒十足加剧了北宋的动荡与灭亡。明代中后期，统治者一直在寻找振兴之路，其中以张居正新政最具代表性。张居正治国理政所推行的考成法与一条鞭法，为后来治国者的治吏与增加财政收入提供了经验教训。清朝前期，康熙皇帝用理学治国，用各民族团结代替战国以来的"长城线"边防思维，今天中国五十六个民族、幅员辽阔的疆域领土、大国的自信，等等，都是那个时候奠定的。康乾盛世是中国古代五大盛世中成就最高的盛世，康熙皇帝治国理政的经验教训值得总结。

从历史上看，历代帝王圣贤皆重视治国理政、安民惠民，这是经济义理之学所以能成为中国传统文化核心特征的一大重要因素。

笔者以为，在追求学问之路上，大致可以分为四重境界来涵养：

第一重境界，专业之学。也可以称为职业之学，是人们讨生活、养家庭，生存于天地、社会间必具的一门专业学问。只要努力与坚持，人人可为，尽管会有程度高低不同。

第二重境界，为己之学。也可以说是兴趣之学、爱好之学、养基之学。对于这种学问，没有功利，不为虚名，只为爱好而为之。

第三重境界，立心之学。在尽可能走尽天下路、阅尽阁中书，充分汲取天地人文精华的基础上，立志尽己之能为人间留一点正能量的东西，哪怕是炳烛、萤火之光。

第四重境界，治国平天下之学。这种学问在实践上有诸多苛刻条件的限制，无职无位无权者很难走得更远；在理论上也需要有远大抱负、超凡脱俗之人来建树。做这种学问的目的，在于"为万世开太平"，为民族为国家之繁荣富强，为民众之安康福祉，生命不息，追求不已。

从格局上看，古人读书写作多非专职，由兴趣爱好适意为之，因为不是为了"衣食"，故以"为己"之学为多，其旨意亦多追求"立德立功立言"，在著作上讲究"经济义理考据辞章"。窃以为，古人眼中的"经济"，远不是今人所说的"经济"。"经"者，经邦治国；"济"者，济世安民也。经邦治国，济世安民才是古人心中的"经济"之学。"义理"是追求真理，为世人立心，替生民立命。"考据"重在材料在学术研究中的选择及运用。"辞章"则是重视文采的斑斓与华丽。对"经济""义理"的向往和追求是国人的动力，是第一位的。孔子曰："言而无文，行之不远。"此"文"说的就是"经济""义理"。"考据"需要勤奋、细心、谨慎、坚持就可以做到。"辞章"则往往与人的天赋与性格关系很大，千人千面，很多不是通过努力就能达到的。姚鼐在《述庵文钞·序》上说："余尝论学问之事，有三端焉，曰：义理也，考证也，文章也。"章学诚在《文史通义·说林》中说："义理存乎识，辞章存乎才，征实存乎学。"今天，如何学习与继承中国古人优良的著述传统，在生活实践中树立"修齐治平""家国天下""立德立功立言"三不朽意识，将"经济义理考据辞章"融会贯通，目前还有很多值得努力的地方。

从学术角度言，一部好的史学作品，离不开对史料的抉择与作者论述的到位。资料的充实、可靠，作品的立意高格、布局得体是形成一部好作品的必要条件，尤其是资料是否充实、可靠更是研究工作的基础。很明显，本丛书的立意布局都需要充实的资料来讲话。不幸的是，中国虽然是一个历史大国，然而扫去历史的尘埃，一旦进入相关领域认真搜寻探究，就会发现，史料的不足与缺乏成为制约史学作品完善与深入的瓶颈。从现有资料看，研究周公治国主要有《周易》《今古文尚书》《周礼》《仪礼》等；商鞅有《商君书》、出土的文物、《史记》等，孔子有五经、《论语》等；秦始皇有《史记》中的《秦始皇本纪》《秦本纪》，以及一些出土的秦简、文物等；汉高祖、汉武帝有《史记》《汉书》及汉人留下的一些著作；唐太宗有《贞观政要》《新唐书》《旧唐书》等；宋太祖有《宋史》《续资治通鉴长编》《续资治通鉴》等；王安石有《王安石全集》《宋史》《续资治通鉴长编》等；张居正有《张太岳集》《明史》《明实录》等；康熙皇帝有《康熙政要》《清史稿》《康熙起居注》《清实录》等，可作为参考。但说实话，这些资料仍然很不够，一句话，资料的缺乏与不足影响了本丛书认识与探索的空间，这也是美中不足、无何奈何的事情。

此外，史学作品要求一切根据资料讲话的特点，也决定了其风格只能是如绘画中的工笔或白描，而不能采用写意的手法，随意挥洒，这也影响了作品的表达形式。

本丛书是为人民大众服务的，首先，需要风格活泼、生动、有趣味，文字通俗、流畅、易懂、可读；其次，力求作品的学术性、严肃性与准确性。也许，只有在坚持学术性、严肃性与准确性的前提下，把学究式的文风变成人民大众喜闻乐见的文风，才能收到更广泛的社会效应。但我深知，很多地方还远远没有做到。"路漫漫其修远兮，吾将上下而求索。"大众学术一直是笔者努力的方向。

目前，中国正在进行伟大的变革，如何推进国家治理体系和治理能力现代化，这既是全面深化改革的热点，更是一个难点问题。在中国这样一个具有悠久历史和文化传统的国度里，我们必须遵循中华民族自身的发展规律，循序渐进地向前迈进。

习近平总书记指出："一个国家选择什么样的国家制度和国家治理体系，是由这个国家的历史文化、社会性质、经济发展水平决定的。"这提醒我们，中国的发展道路具有中国自身特色，实现中国国家治理现代化，离不开中国历史传承和文化传统，离不开中国经济社会发展水平，离不开中国人民自己的选择。

历史与文化是"民族的血脉，是人民的精神家园"，历史不能割断，实现中国国家治理现代化，需要中国"历史传承和文化传统"，源于"古"而成就于"今"，从中国古代的政治实践中汲取有益的营养，努力探寻传统文化的现代转化，为构建当今和谐社会提供借鉴，这是本丛书问世的目的所在。

希望这套小丛书能够多少帮助到对中国古代政治史感兴趣的人们！

作者 2020 年底于京城海淀

目　录

前　言　康熙政风　绵恒永长

在中国历史上，能够好学不倦、矻矻孜孜于经史的帝王并不多见，能够勤政爱民的帝王亦是不多见，而能够将好学、勤政与节俭兼融于一身而又将国家治理得卓有成效的帝王更是不多见，但康熙皇帝却是这不多见的几位古代君主之一。

一、康熙皇帝勤奋好学在古代帝王中是不多见的

第一，热爱学习，终生不辍。

康熙皇帝自五岁开始读书，十三岁能下笔成文。据康熙皇帝回忆，他"逐日未理事前，五更即起诵读，日暮理事稍暇，复讲论琢磨，竟至过劳，痰中带血，亦未少辍"①。亲政后，"听政之暇，即于宫中披阅典籍，殊觉义理无穷，乐此不疲。"②他读书持之以恒，兴趣也越来越浓。其祖母孝庄文皇

---

① （清）章梫篡，曹轶注释:《康熙政要·论勤学》卷7，中州古籍出版社2012年版，第132页。

② 中国第一历史档案馆整理:《康熙起居注》第1册，中华书局1984年版，第80页。

后恐苦读有伤其身体，曾加劝阻说："贵为天子，岂欲应主司试而勤苦乃尔！"①但他仍嗜读不倦。

康熙皇帝写有《乾清宫读书记》，记述他自幼在乾清宫发奋读书、"性耽学问"的经历。文中说："朕自冲龄，性耽学问。践阼迄今，罔自暇逸。未明求衣，待旦视事。讲臣执经，群公入奏，未尝一日不与相接。既退，裁决庶务，披览章疏，有闲则书册翰墨之外，无他嗜好。端居乾清宫，取六经之书，发而观之，以求契夫古圣人之心，将以致其用而未能也。又上下古今，盱衡数千载，思昔之人所以致其用者，而求之乎纪、志、表、传、编年、纪事之文，将以考其用而知其心之所存，朝斯夕斯，怡然忘倦。盖浩乎其未有涯，悠然其未有艾也。"②康熙二十三年（1684年），康熙皇帝南巡，泊舟燕子矶，读书至三鼓。侍讲学士高士奇奏请宜少节养。康熙皇帝谕曰："朕自五龄，即知读书，八龄践阼，辄以学庸、训诂，询之左右，求得大意而后愉快。日所读书，必使字字成诵，从来不肯自欺。及四子之书，既已通贯。乃读《尚书》，于典、谟、训、诰之中，体会古帝王孜孜求治之意，期见之施行。及读《大易》，观象玩占，于数圣人扶阳抑阴，防微杜渐，垂世立教之精心，朕皆反复探索，必心与理会，不使纤毫扞格，实觉义理悦心，

---

① 《康熙起居注》康熙二十三年十一月戊寅，第3册，第2254页。
② （清）章梫纂，曹轶注释：《康熙政要·论勤学》，卷7，第131页。

故乐此不疲耳。"①康熙皇帝说自己自五岁即知读书，八岁即位后，"辄以学庸、训诂之左右"，必懂其意而后快，每日所读皆能成诵，从来不肯自欺。熟读四书且贯通之后，又读《尚书》，以"体会古帝王孜孜求治之意，期见之施行"，这是符合基本事实的。

第二，进德修业，学而后知。

康熙皇帝从不承认自己是"天授"之才，认为每个人都是学而后知。他在《庭训》中说："凡人进德修业，事事从读书起。多读书，则嗜欲澹；嗜欲澹，则费用省；费用省，则营求少；营求少，则立品高。读书之法，以经为主。苟经术深邃，然后观史。观史则能知人之贤愚，遇事得失，亦易明了。故凡事可论贵贱老少，惟读书不论贵贱老少。读书一卷，则有一卷之益；读书一日，则有一日之益。此夫子所以发愤忘食，学如不及也。"又说："朕自幼好看书，今虽年高，万机之暇，犹手不释卷。诚以天下事繁，日有万机，为君者一身处九重之内，所知岂能尽乎？时常看书，知古人事，庶可以寡过。故朕理天下事五十余年，无甚差忒者，亦看书之益也。"②他还曾对臣下说："朕常讲论天文地理，及算法声律之学，尔等闻之，辄奏曰：'皇上由天授，非人力可及'。如此称誉朕躬，转掩却朕之虚心勤学处矣。尔等试思，虽古圣人，岂有生来

---

① （清）章梫篆，曹轶注释：《康熙政要·论勤学》，卷7，第129页。

② （清）章梫篆，曹轶注释：《康熙政要·论勤学》，卷7，第132页。

即无所不能者。凡事俱由学习而成。务学必以敬慎为本。朕之学业，皆从敬慎中得来，何得谓天授非人力也？"①

第三，涉猎的范围广泛。

康熙皇帝读书的范围十分广泛。举凡史乘、诸子百家、律吕、数理、佛教经谕、道书等，他无不涉猎，对自然科学也十分爱好。他曾说："朕御极五十年，听政之暇，勤览书籍，凡四书、五经、通鉴、性理等书，俱曾研究。"②

康熙皇帝对西方自然科学也有着浓厚的兴趣。他接触到西方自然科学并产生兴趣，是在他十五岁时，由一次因天文历算的激烈争论而引发。清初曾就采用中国传统制历方法，还是采用耶稣会传教士带来的西方历法展开过争论。杨光先上疏抨击耶稣会传教士汤若望"依西洋新法"制订的历书（名《时宪历》），但杨光先不学无术，所推算错误甚多。康熙七年（1668 年），耶稣会传教士比利时人南怀仁指出杨光先的错误。清廷大多数人不懂天文学，但支持杨光先，钦天监内则有人支持南怀仁。议政王大臣会议请皇帝"圣裁"。康熙皇帝召见杨光先、南怀仁，命二人各做一个明显的实验，以便人们能够一目了然而明辨是非。南怀仁建议由二人分别测定日晷的投影达到什么位置是第二天的正午。康熙皇帝表示同意，命大学士李霨主持"预测正午日影所止之处"的试

---

① （清）章梫篹，曹轶注释：《康熙政要·论勤学》，卷7，第130页。
② （清）章梫篹，曹轶注释：《康熙政要·论勤学》，卷7，第130页。

验，结果南怀仁多次推算无误，而杨光先则有差误。于是康熙皇帝命南怀仁审查杨光先所造历书，南怀仁指出其"种种差误"。康熙皇帝再次命康亲王杰书、大学士图海、李霨到观象台主持测验，结果南怀仁"逐款皆符"，杨光先"逐款不合"。康熙皇帝遂命南怀仁为钦天监监副，杨光先被罢斥。

这次争论激发了康熙皇帝学习西方自然科学的强烈愿望。耶稣会传教士南怀仁、白晋、张诚（法国人）、安多（比利时人）等人被召为康熙皇帝讲解自然科学。他们献给康熙皇帝一批仪器，并为他编写了实用几何学纲要、静力学、天文学的讲稿。传教士们用满语或汉语讲解。康熙皇帝"听课、复习，并亲自绘图"，提出不懂的问题，练习使用仪器。康熙皇帝努力学习科学的热忱，使这些传教士惊讶不已。

康熙皇帝曾患疟疾，御医久治无效。传教士送给他金鸡纳霜（奎宁），服后痊愈，他因而对西方医学深感兴趣。传教士为他讲解患病的生理原因和解剖学。他曾指令一个画家专画人体分解图像，并在宫中建立一个由传教士主持的用化学方法制造药品的"实验室"，制造出一批药品。康熙皇帝对数学特别爱好，在传教士所献的仪器中，他最喜欢水平仪和望远镜，认为有裨于实用。南巡视河时，曾用水平仪实地测量黄河，指出河水泛滥是因为"河高于田"。望远镜则是康熙皇帝指挥战事的有力工具。康熙三十五年（1696 年），他第二次亲征噶尔丹，五月抵克鲁伦河。他登高"执圆镜远望"，观察地形，指挥军队占领要地。① 应该说，勤奋学习，对于康熙皇帝治国理政能力的提高，起到了重要的作用。

第四，学以致用，目的明确。

康熙皇帝读书学习的目的十分明确。从儒家经籍中探求古帝王孜孜求治之意，从经史中借鉴政治得失，促使康熙皇帝好学敏求，乐而不疲。康熙二十四年（1685 年），康熙皇帝巡幸塞外。"启銮，谕扈从诸臣曰：'朕喜观书史，遍阅圣贤经传，而《通鉴》一书，关于治道，尤为切要。虽不时翻阅，恐有阙略，故将《资治通鉴》《纲目大全》诸书，皆以朱笔手自点定。以《通鉴纲目》卷帙繁多，未携至此。携《纲目汇纂》，用备披览。朕虽时时检阅，然不能尽记，尔等职司文翰，其各以所携书籍进览。'于是内阁翰林院、詹事府诸臣，以《通鉴》《文选》诸书呈进。"②

第五，鼓励臣工掌握学习本领。

康熙皇帝不仅自己热爱学习，还鼓励臣下学习，他说："凡文武各官，皆须读书，于古今得失，加意研究。"他将亲自点定的朱批《资治通鉴》《纲目大全》等书，颁示臣工，要众人阅读。

第六，通过经筵、日讲以资治辅政是康熙皇帝的一个重要学习途径。

---

① 参见王思治、李岚著：《康熙皇帝》，故宫出版社 2016 年版，第 210—211 页。
② （清）章梫篆，曹轶注释：《康熙政要·论勤学》，卷 7，第 130 页。

康熙九年（公元 1670 年），"圣祖谕礼部曰：'帝王勤求治理，必稽古典学，以资启沃之功。朕于政务余闲，惟日研精经史。念经筵日讲，允属大典，宜即举行。尔部其详察典例，择吉具仪以闻。'"①

经筵和日讲，即命讲官为皇帝进讲经史文学，讲课时以经书为本，以前代为鉴，学习治国安邦之道。通过经筵、日讲从儒家经典中体会古帝王孜孜求治之道，是康熙皇帝好学敏求的动力，他常常与讲官在弘德殿讲论儒家经典，讨论帝王治国之道，并竭力汲取其中的可用成分，力求付诸实行。

对待经筵与日讲，康熙皇帝非常重视。他反对流于形式。自开经筵后，康熙皇帝一早就在乾清门御门听政；辰时，至弘德殿听讲官进讲，非有特殊情况，从不间断。酷暑季节，有人奏请暂停日讲，康熙却说："学问之道，必无间断，方有裨益，以后寒暑，不必辍讲。"②即使在出巡、狩猎甚至平定三藩之乱的紧张繁忙之际，他仍令讲官每日进讲如常。

康熙皇帝很重视实学。他要求经筵讲官在教学内容上要以帝王之道及其治世之大法和修身养性的儒家经典为主。他认为"《尚书》记载帝统道法，关切治理"；"思帝王之政之要，必本经史"；"朕惟以《春秋》者，帝王治世之大法，史外传心之要典也"；"天德王道之全，修己治人之要，具在

---

① （清）章梫篆，曹轶注释：《康熙政要·论勤学》，卷 7，第 127 页。
② 中国第一历史档案馆整理：《康熙起居注》第 1 册，第 96 页。

《论语》一书"①。他又要讲官进讲时，"对称颂之处，不得过为滥词，但取切要有裨实学"。他一再强调"文章以发挥义理，关系世道为贵"②。在教学方法上，他一反过去只由讲官敷陈，"拘泥章句，株守一隅"的讲课方法，提倡讨论式的启发性教学。他说："日讲原期有益身心，增长学问。今止讲官进讲，朕不复讲，但循例，日久将成故事，不惟学问之道无益，亦非所以为法于后世也。"嗣后进讲时，"讲官讲毕，朕仍复讲，如此互相讨论，庶几有裨实学"③。后来，他又进一步阐发教学相长的道理。他说："帝王之学，以明理为先，格物致知，必资讲论，向来日讲，惟讲官敷陈讲章，于经史精义，未能研究印证，朕心终有未慊……今思讲学，必互相阐发，方能融会义理，有裨身心。以后日讲，或应朕躬自讲朱注，或解说讲章，仍令讲官照常进讲。"④这样以便真正理解和阐发儒家经典内容的精神实质。

二、勤政是康熙皇帝的另外一个重要特点

康熙皇帝是中国历史上一位少见的精勤政务的君主。他综理万机，在位数十年，勤政"恒如一日"。⑤

康熙《御制诗文集》载有康熙皇帝撰写的《宫中日课记》，

---

①　《康熙起居注》，康熙十二年九月壬申，第1册，第340页。

②　《清圣祖实录》卷43，康熙十二年八月辛酉，第1册，第115页。

③　《清圣祖实录》卷54，康熙十四年四月辛亥，第1册，第203页。

④　（清）章梫纂，曹轶注释：《康熙政要·论勤学》，卷7，第128页。

⑤　（清）章梫纂：《康熙政要·论君道》卷1，第13页。

记述他每日起居的情况。"未明求衣，辨色而起"，与讲官讨论经史义理。然后"出御宫门"听政，大学士和部院衙门官员"循序奏事，朕亲加咨度"，然后做出决定。御门听政毕，又与重要大臣商讨军国大计，"阁臣升阶，朕与详求治理，咨取军国者久之"。这之后是裁决宫禁之内的重要事情，每天上午完全忙于处理政务。午后，或读书，或作文，或写字，以写其自得之趣，"止此数事，已不觉其日之夕矣"。晚上，则燃烛批阅一日所进之奏章，仔细推敲，必审其理道之要而后已。夜半之后，才能寝息。康熙皇帝为政不懈，每日睡眠时间不过五六小时，据他自己说是因为不敢稍存懈逸之心而误国政，故特书《日课记》以自励，并作为自己勤政的座右铭。

康熙皇帝在位六十一年，御门听政成为常朝制度。每日清晨，康熙皇帝至乾清门（多在乾清门东暖阁或懋勤殿东暖阁），听部院各衙门官员面奏政事，与大学士、学士处理折本；若出巡外地，则于晚上与扈从官员处理折本。除特殊情况外（如生病、大典等），从不间断，他"听政三十年来，无日不见诸大臣，共相咨议"，"于政事，无论大小，从未有草率完结者"①。

御门听政时，康熙皇帝常常询问有关官员或熟悉情况者的意见，然后作出决断，他说：部院诸事，朕向与诸臣商酌之。为了鼓励官员发表意见，康熙皇帝强调凡国家大事都应

---

① （清）章梫纂：《康熙政要·论君道》卷1，第6页。

知无不言，言无不尽，意见正确固然很好，即使不正确也无妨，以消除臣下顾虑。对缄默不言，依附随众者，往往严加训斥，说这种人有如"用一无用之物，于国家何益！"对凡事附会迎合皇帝者，则大不以为然，指出这是一种阿谀奉承的陋习，要求各以所见直陈，不要重复因循陋习，只知唯唯诺诺，一味颂扬"圣意"。康熙皇帝鼓励各官直陈己见，为的是择善而从，避免处理政务时出现失误和偏差，所以他直言不讳地对臣下说："朕从来不惮改过，惟善是从。即如乾清门听政，虽朕意已定，但视何人之言为是，朕即择而行之，此尔等所共知也。"①

在集议国家大政时，康熙皇帝不允许臣下说空话、套话。郎中苏立泰在面奏派往总河王光裕处有关事宜时，一开头就说："臣奉旨宣谕总河王光裕毕，光裕奏云：臣本微员，蒙皇上殊恩，特擢授兹重任。"康熙皇帝立即加以制止，指出"此套话，不必陈述。尔可将看过河工具奏"。康熙皇帝反对臣下一味称颂皇帝圣明，认为浮词陈套之颂语都应停止。他对大学士说：臣工的职责是襄助皇帝"保邦于未危"，"成久安长治之业"，一切颂扬之语文俱属无益，"朕见近来颂圣之语殊多，悉应停止，凡事皆宜务实，何必崇尚虚文"。②

由于长期御门听政，康熙皇帝形成了固定的生活和工作

① 《康熙起居注》，康熙十二年六月癸亥，第 2 册，第 102 页。
② 《康熙起居注》，康熙五十四年三月乙丑，第 3 册，第 2160 页。

规律，如不御门听政，康熙皇帝就觉得不安。他说："朕听政三十余年，已成常规，不日日御门，即觉不安。若隔三四日，恐渐至倦怠，不能始终如一矣。"① 即使是在患病期间，康熙皇帝也坚持御门听政。偶因病重，不能临御乾清门听政，他也因为"与诸大臣悬隔，思之如有所失"而谕令臣下进奏乾清宫。他还表示："朕三十年来，每晨听政，面见诸臣，咨询得失，习以为常。今若行更改，非励精求治初终罔间之道，且与诸臣接见稍疏，朕衷亦深眷念。"康熙三十四年冬，在他患病期间，大学士伊桑阿等奏请"暂停御乾清门听政"时，他又表示："朕每日听政，从无间断，闲坐宫中，反觉怀抱不适。尔诸大臣面奏政事，朕意甚快，体中亦佳，今灼艾视前已愈，国政紧要，朕仍照常御门听政。"②

对于政务，康熙皇帝从不敢懈怠，坚持当天政务必须当天处理完毕，他说："如今日留一二事未理，明日即多一二事矣，若明日再务安闲，则后日愈多壅积。万机至重，诚难稽延。"出巡时，他规定本章必须三日内送到行在。康熙二十三年（1684年）十月，康熙皇帝东巡视曲阜途中，京中奏章未按时送到。康熙皇帝异常焦急，频频催问，深夜不眠，坐待奏章。他谕扈从阁臣说"奏章关系国政，最为紧要"，不能一

---

① 章开沅编：《清通鉴》，康熙三十二年十二月癸酉，岳麓书社2000年版，第992页。

② 参见白新良著：《康熙传》，岳麓书社2015年版，第348—349页。

刻稽延，迟误将予重惩，谕令："今日奏章不拘时刻到来，尔等即便进呈，朕宵兴省览。"当夜四鼓本章送到，康熙皇帝即披衣而起，一直审阅到天明，将折本处理完毕。[①]

康熙五十六年（1717 年）冬，康熙帝大病七十余日，两脚浮肿，右手不能写字，但是为了批答奏章，仍坚持用左手批阅而不假手于人。多年勤政，使他饱尝了帝王生活的甘苦与艰辛。康熙五十八年（1719 年）四月，他特地为此向大学士、九卿、詹事、科道官员尽掏肺腑。他说："朕自亲政以来，一切重要事务，都是亲自动手处理，从来不敢偷懒。在少壮时期，精力充沛，并不觉得劳苦，而今老境来临，精神渐减，办起事来便觉得疲惫不堪，批答奏章手也发颤。如果还像当年那样办事精详，则力所不及；如果草率处理，心中又非常不安。从来读书人议论历代帝王，多加指责他们的过失，批评他们安享富贵，耽于逸乐。朕多年披阅史籍，对历代帝王为人行事也颇留心，觉得做一个国君极为不易。不说别人，即以朕而言，在位六十年，昼夜勤政，即使铁打的身子，也要拖垮，何况血肉之躯。现在在朝供职的年老大臣，年岁大约和朕不相上下。在衙门办事，不过一两个时辰，就可回去休息，有病还可以告假。有的人还无病装病，他的同僚和属员决不会强迫他继续视事。往年考试武进士，左都御史赵申乔竟然在考场上打瞌

---

① 参见王思治、李岚著：《康熙皇帝》，故宫出版社 2016 年版，第 212—216 页。

睡，侍卫们几次把他唤醒。有朕在场尚且如此，在自己衙门理
事就更不用说了。现在天下大小事务，都是由朕一人处理，无
可推诿。如果把重要事务交人处理，则断然不可。因此，朕昼
夜劳累，须发皆白。虽然如此，也不敢偷懒，从早至晚，没有
一点空闲，真是强打精神，硬加支撑啊！朕如此勤政，你们臣
下却没有一个人肯为我实心效力。不但如此，说不定还会有
不肖之徒见朕年老，精力不够，乘机徇私舞弊，这都是你们应
该十分留心的。见我百般勤劳，你们只不过在口头上劝朕安
静休养，再不就是搬弄一些颂圣套语，什么'励精图治''健
行不息''圣不自圣，安愈求安'，这些话，如果对不读书的
君主来说，也许他们爱听；朕多年读书，明白事理，这些粉饰
之词，六十年来，听得耳朵上都起了茧子。所以朕劝你们还
是多办实事，少说废话，才对国家治理有所裨益。"由于长期
勤政，康熙帝养成了反对虚夸，讲究务实的作风。对于各地
上陈祥瑞，他向不热心，从来不曾将之宣付史馆。对于不事
生产的僧道，康熙帝早年极为鄙薄，认为他们都是一批游手
好闲之徒。他还认为秦始皇、汉武帝迷信方术，梁武帝、唐宪
宗佞佛都是愚蠢的行动。后来，他对僧道的看法虽然有所变
化，但也是敬而远之，从未加以提倡。因而，终他在位期间，
佛道势力始终没有得到发展，更未能影响中枢决策。他尤其
反对无益实政的庆寿典、上尊号等。康熙皇帝在位前期，凡
逢他自己寿诞，他一般都诏令停止朝贺，更不搞什么筵宴。这
种勤政务实的作风，不但使得康熙帝的成就超过了中国历史

上的多数帝王，而且也对雍正及以后的历朝清帝产生了重要的影响，对于清朝统治的巩固和中国社会的稳定和发展起了重要的作用。①

三、克制欲望、崇尚节俭

康熙皇帝一生崇尚节俭，"尝著《勤俭论》以自警"②。他说："自朕听政以来，一应服食，俱从节俭。诸王、大臣亦效法，不用金银器皿、金镫等物。"③ 所以如此，大致有两个方面的因素：一是就社会环境而言，最初因为三藩叛乱之后，社会经济凋敝，广大民众以赋税形式向统治者提供的财富数量有限，使得包括最高统治者在内的各级贵族官吏没有条件任意挥霍。二是就康熙皇帝个人而言，早年寄养宫外，未曾受到宫中生活的熏陶和影响。成人之后，又比较系统地接受了儒家经典中有关节俭的思想教育，从而在思想上牢固地树立起节俭是一种美德，奢侈腐化不只有损君德，而且还易于招致祸乱的观点。"圣祖尝曰：'当以一人治天下，不以天下奉一人，以此为训，不敢过也。'自是恭俭相承，累代传为家法矣。"④ 在康熙皇帝亲政半个多世纪的时间里，他一直主动克制自己的享乐欲望，个人生活十分朴素，宫中用度一

---

① 参见白新良著：《康熙传》，岳麓书社 2015 年版，第 350、351 页。

② （清）章梫纂：《康熙政要·论俭约》，第 258 页。

③ 郭超、夏于全编：《权谋名著·人物志　政训　康熙政要》，蓝天出版社1999年版，第 110 页。

④ （清）章梫纂：《康熙政要·论俭约》，第 254 页。

省再省。在他的影响下，贵族、官吏也不敢过分靡费，在社
会上普遍形成了崇尚节俭的风尚，使得社会财富较多地用于
扩大再生产，对于康熙朝政治的健康发展和社会经济的恢复
起到了比较重要的作用。

　　关于康熙皇帝崇尚俭约的情况，清代的不少文献中都有
记载。《康熙政要》中专门列有《俭约》篇进行记述。据法国
传教士张诚所记，在北征噶尔丹期间，为了节约军粮，康熙
帝曾下令军队每天只吃一顿饭，并自己带头执行。另据《清
圣祖实录》记载，一直到了晚年，他还拒绝太医要他服用补
药的建议，而甘于粗茶淡饭。这既是出于养生的需要，同时
也说明了他长期养成的节俭习惯不易更改。

　　对于个人生活，康熙皇帝十分节俭。他在《讲筵绪论》
中说："国家财赋出于民，民力有限，当思撙节爱养，则国家
常见其有余。每见明季诸君，奢侈无度，宫中服食及创造寺
观，动至数十万。我朝崇尚朴质，较之当时仅百之一二耳。"①
对于宫中用度，康熙皇帝主张大力裁减。如康熙二十四年
（1685 年）十月，康熙皇帝命减少宫中的酥油、乳酒之用。
康熙二十九年（1690 年）春，他又以天旱而命省减宫人及所
用器物，并令查核前明宫所用具奏。大学士等经过查察，回奏
道：前明宫中，每年用金花银共九十六万九千四百余两，现在

----

　　① 郭超、夏于全编：《权谋名著·人物志　政训　康熙政要》，第 114 页。

都已用为军饷。又查前明光禄寺每年送交宫中所用各项钱粮二十四万余两，现在每年只用三万余两；明朝年间，宫中每年用去木柴二千六百八十六万余斤，现在每年只用六七百万斤；明朝年间，宫中每年要用红螺炭一千二百零八万斤．现在每年只用一百余万斤。明朝年间，各宫林帐舆轿花毯等项每年共用银二万八千二百余两，现在一概不用。明朝年间，宫殿楼亭共七百八十六处，我朝数目则不及其十分之一。前明建造宫殿，其九层基址以及所有墙垣俱用临清砖，木料俱用楠木。现在紫禁城内只是在万不得已时始行修造房屋。修建时，不但基址不用一块临清砖，即使所有墙垣，也都是寻常砖料。所用木料，只是一般松木。又，按照"三礼"规定，天子应有六宫、三夫人、九嫔、二十七世妇、八十一御妻。照此推算，使用宫女当有数千人之多。唐太宗是唐代一个有名的贤君，历史记载他即位后一次遣散宫人，已经达到三千人。以此估计，其他皇帝所用宫女当皆不下数千人。现在除慈宁宫、宁寿宫之外，乾清宫妃嫔以下，使令老媪、洒扫宫女以上，总共算起来，只有一百三十四人。不只三代以下无有，即使三代以上也没有像这样的。

为了限制宫中不当的消费，康熙皇帝还经常过问宫中开支情况。

康熙二十四年（1685年），圣祖谕大学士等曰："服色久经定例禁止，近见习俗奢靡，服用僭滥。皆由所司各官视为具文，并未实心稽察，以致不遵定例。嗣后必切实奉行，时加申饬。务期返朴还淳，恪循法制，以副朕敦本务实、崇尚节俭之意。"① 同年，康熙皇帝又谕掌膳等官说："天下之物力有限，当为天下惜之。今酥油乳酒供给有余，尔等会同庆丰司酌量收取。足用则已，不可过多。蒙古甚穷乏，取者减少，则彼贫人日用，可以恒足矣。"②

康熙三十三年（1694 年），户部题乌喇解送貂鼠缺额，应将该管官议罪。康熙皇帝说："数年来，因捕貂者众，故不足额。以此议处，是无辜获罪。若不得佳者，朕但少御一裘，何关紧要？且貂价甚贵，而又非必用之物，朕亦不甚需之。"③

康熙三十九年（1700 年），针对工部奏销杂项修理钱粮事，康熙皇帝提出批评说："一月内杂项修理，即用银至三四万两，殊觉浮多。明代宫中一日万金有余。今朕交内务府总管，凡一应所用之银，一月止六七百两，并合一应赏赐诸物，亦不过千金。从前光禄寺一年所用银两，亦甚浮多，朕节减大半。工部情弊甚多，自后凡有修理之处，将司官、笔帖式俱奏请派出。每月支用钱粮，分晰细数，造册具奏。若三年内有塌坏者，著赔修。如此则工程坚固，而钱粮亦不至妄费矣。"④

---

① （清）章梫纂：《康熙政要·论俭约》，第 255 页。
② 郭超、夏于全编：《权谋名著·人物志　政训　康熙政要》，第 110 页。
③ 郭超、夏于全编：《权谋名著·人物志　政训　康熙政要》，第 111 页。
④ 郭超、夏于全编：《权谋名著·人物志　政训　康熙政要》，第 111 页。

　　与此同时，每次外出巡幸，康熙皇帝也先期诏令，一切需用之物，皆由内府自行备办，不许地方官借端生事，勒索百姓。发觉有的督抚为其修造行宫，"并建造御书碑亭等项名色"即令拆毁。除此之外，对于国家非生产性开支，他也多次谕示削减或者制止。如前此光禄寺一年用银一百万两，工部一年用银二百万两，至康熙四十五年（1706 年）时，康熙帝分别将之压缩到十万和二三十万两。此前，理藩院每年赐供应外藩宾客用银八十万两，经过康熙皇帝谕示裁减浮费，至康熙四十九年，一年只需银八万两。前此户、工两部每年"所用钱粮，其数过多"，康熙帝皇曾谕示"十日一奏闻"。对于官吏之间的互相馈赠和不事生产"聚集徒众以千百计"的寺僧，他也严加指斥。在康熙皇帝的影响下，各级官吏贵族的奢靡之风有所节制。正是由于康熙皇帝崇尚节俭的性格以及他所推行的励行节俭的政策，"至康熙四十年前后，国库存银达到五千万两，跃居清初以来的最高峰，对于社会经济的发展和初步繁荣起了重要的推动作用。"①

　　勤学、勤政与节俭，构成了康熙皇帝有效治理国家的基础。

---

　　① 白新良著：《康熙传》，岳麓书社 2015 年版，第 353 页。

第一章　初露锋芒　强君弱臣

清除鳌拜集团是康熙皇帝亲政后处理的第一件国家大事，他在极短时间内顺利铲除盘根错节、权倾一时的权臣集团，成功地将军政大权集中在自己的手里，果断扭转了长期以来君弱臣强、太阿倒持、皇权旁落的不正常局面，充分显示出了这位少年天子的政治智慧。在策略上，康熙皇帝采取首恶者必办，严惩鳌拜集团的少数首恶分子，但对鳌拜党羽中的绝大多数则予以宽宥处理，避免了历代王朝经常上演、重复出现的广泛株连、错杀无辜的政治现象。如此迅速而成功地清除鳌拜集团并顺利地加强皇权，表明年仅十六岁的康熙皇帝玄烨已经具备解决重大难题的政治才能和成熟运用打击重点、分化瓦解、稳定人心的为政策略，这也表现出了康熙皇帝一生中施政的某些特点。

一、顺治遗诏与四大臣辅政

顺治十八年正月初七日（1661 年 2 月 5 日），顺治皇帝病逝于养心殿，临终遗诏由年仅八岁的玄烨即皇帝位，以内大臣索尼、苏克萨哈、遏必隆、鳌拜四人共同辅政，理由是四人"皆勋旧重臣，朕以腹心寄托"，要他们"勉矢忠荩，保翊冲主，佐理政务"。①

顺治皇帝的遗诏虽然是在他不省人事的情况下产生的，但经过皇太后博尔济吉特氏的认可，与皇帝的诏书具有同等效力。索尼、苏克萨哈、遏必隆、鳌拜为辅臣。四人都是从皇帝直接掌握的上三旗中选拔的元老重臣，他们都受到前摄政多尔衮的打击迫害，或最早揭发多尔衮，被认为是最可靠、最值得信赖的。但这四人均非宗室。这种四大臣辅政体制，一反"从来国家政务，惟宗室协理"的祖宗成规。老谋深算的索尼，唯恐日后有变，在"遗诏"当众宣示哭声正哀之际，立即将这一潜在的难题挑明，以消除隐患。他用恳切的言辞跪告诸王贝勒说："今主上遗诏，命我四人辅佐冲主，从来国家政务惟宗室协理，索尼等皆异姓臣子，何能综理？今宜与诸王、贝勒等共任之。"这样的时机，这样的场合提出这样的

---

① （清）赵尔巽等撰：《清史稿》卷 5，本纪 5 第 3 册，中华书局 1977 年版，第 163 页。

问题，迫使诸王、贝勒只能有一种答复："大行皇帝深知汝四
大臣之心，故委以国家重务，诏旨甚明，谁敢干预？四大臣其
勿让。"索尼的谦让，换得了诸王、贝勒不敢干预的许诺，这
就为四大臣辅政体制的顺利实现扫清了障碍。于是（索尼）
等誓告于皇天上帝和顺治帝灵前，誓词寓意深刻，而且不加
掩饰。其中说："先皇帝不以索尼、苏克萨哈、遏必隆、鳌拜
等为庸劣，遗诏寄托，保翊冲主。索尼等誓协忠诚、共生死，
辅佐政务，不私亲戚，不计怨仇，不听旁人及兄弟子侄教唆
之言，不求无义之富贵，不私往来诸王、贝勒等府，受其馈
遗，不结党羽，不受贿赂，惟以忠心仰报先皇帝大恩。"[1]誓
词中的这几句，毫不掩饰地针对诸王、贝勒，防止他们拉拢
辅政大臣，侵犯皇权。索尼等的誓词，是效忠皇室、维护皇权
的一种努力。辅政大臣体制顺利实现，没有引起任何争议，
是因为多尔衮以近支宗室亲王摄政的种种弊端，如对幼年顺
治皇帝的轻蔑、对诸王贝勒的专横，历历在目，记忆犹新。
为了避免历史重演，大家都愿意接受这个现实而变更"惟宗
室协理"的祖宗成法，代之以非宗室的四大臣辅政。四大臣
辅政是政治体制上的重要变更。四大臣的地位只是"辅佐政
务"，国家大事的裁决权仍然掌握在皇帝手里，这就进一步削
弱了诸王、贝勒的权力，避免宗室结党专权。

---

① （清）赵尔巽等撰：《清史稿》卷 249，列传 66 第 32 册，《索尼传》，第
9674—9675 页。

四大臣中名列首位的索尼，赫舍里氏，满洲正黄旗人。早承家学，兼通满汉蒙古文，以其智慧和勇敢，很受太祖、太宗的器重。清太宗逝世后，多尔衮召索尼议册立，索尼拥立皇子，态度坚决，反对多尔衮继承大统。福临即位后，索尼与谭泰、图赖、巩阿岱、锡翰、鄂拜"盟于三官庙，誓辅幼主，六人如一体"①。多尔衮擅权，六人盟誓解体，但索尼不改初衷，矢志辅立幼年皇帝，与多尔衮常有冲突，致遭嫉恨。顺治五年（1648年），以"谋立肃亲王"罪论死，后免死夺官籍其家，遣守沈阳昭陵。福临亲政，特旨召还，复世职，优加至一等伯，以内大臣兼议政。

苏克萨哈，纳喇氏，满洲正白旗人。崇德六年（1641年），随济尔哈朗攻锦州，有战功，授牛录章京世职。苏克萨哈原隶多尔衮属下。多尔衮死，苏克萨哈与王府护卫詹岱等首告多尔衮谋移驻永平诸逆状，及殡殓服色违制，由是引发对多尔衮生前罪行的清算。顺治十二年（1655年），苏克萨哈大败刘文秀所部抗清武装，六战皆捷，因功晋世职为"二等精奇尼哈番，擢领侍卫内大臣，加太子太保"②。

遏必隆，钮祜禄氏，满洲镶黄旗人。崇德六年（1641年）松锦之战时，遏必隆力战，击败明军，护卫皇太极转危为安，论功得优赏。七年进扰山东有功，予牛录章京世职。皇太极

---

① （清）赵尔巽等撰：《清史稿》卷249第32册，《索尼传》，第9673页。
② （清）赵尔巽等撰：《清史稿》卷249第32册，《苏克萨哈传》，第9677页。

暴死，遏必隆坚决拥立皇子，因此，与多尔衮有隙。顺治二年（1645年）镇压李锦所部抗清武装，又立战功，进二等甲喇章京世职。顺治五年（1648年）四月，多尔衮擅权，寻隙报复，议处遏必隆革世职，籍没家产一半。世祖亲政后，诏复其职，令袭爵为一等公，旋授议政大臣，擢领侍卫内大臣，累加少傅兼太子太傅。

鳌拜，瓜尔佳氏，满洲镶黄旗人。初以护军校从征，屡立军功。天聪八年（1634年），袭牛录章京世职，崇德二年（1637年）攻皮岛又立战功，起擢为三等梅勒章京。崇德六年（1641年）从郑亲王济尔哈朗围困锦州，鳌拜冲锋陷阵，随机决断，五战皆捷，军功卓著，加世职为一等梅勒章京。崇德八年（1643年）十月，论功行赏，以鳌拜在锦州、松山、北京、山东诸处屡建战功，由一等梅勒章京晋加为三等昂邦章京。顺治元年（1644年），随大兵定燕京，次年擢为一等昂邦章京。顺治二年（1645年）随阿济格追击大顺军至湖广。次年随豪格进兵四川，攻大西军至西充。顺治五年（1648年），多尔衮以"谋立肃亲王，私结盟誓"论鳌拜死罪。世祖亲政，授鳌拜议政大臣，累进二等公，予世袭。擢领侍卫内大臣，加少傅兼太子太傅。

索尼、苏克萨哈、遏必隆、鳌拜虽非宗室，但都属上三旗大臣，在开国创业的征战中功勋卓著。在皇太极死后的继嗣问题上拥立皇大子，抵制多尔衮。在多尔衮摄政时期，遭到打击迫害，幸免一死。对多尔衮专权横行，藐视幼君，擅杀宗室大臣极为不满，而且身受其害，心有余痛。然一旦他们辅政，又照样进行权力的争斗，同样未能避免历史的重演。

二、清除鳌拜集团

实际上，康熙初期四大臣辅政这种新创的政治体制是很不完善的，其职责和权限既无章程法度，又无成例可循。职权范围没有严格界限，就很难防范其越权行为。大学士入直、票拟以及年幼皇帝朱笔御批，均由辅臣代办。这就给野心家以可乘之机。四大臣人选也是仓促确定的，彼此之间既不同心，也不协力。位居辅政大臣之首的索尼，乃四朝元老，总揽启奏和批红大权。他远谋深算，堪当大任，但年老多病，力不从心，遇事姑息。苏克萨哈位居第二，与索尼不和，常有抵触。遏必隆才智平庸，缺乏主见，以鳌拜之是非为是非。鳌拜权势欲极强，功高资深，不甘居辅臣末位，且自恃功高，专横跋扈，工于心计，党同伐异。控制两黄旗，打击正白旗，在上三旗中占据绝对优势，也就是在宫廷宿卫中占据绝对优势。鳌拜对趋炎附势者委之以高官，畏惧权势者慑之以淫威，很快就以他的家族为中心结成私党，其中有他的弟弟镶黄旗满洲都统穆里玛、他的儿子领侍卫内大臣那摩佛，他的侄子塞本得、讷莫、佛伦，还有内秘书院大学士班布尔善、吏部尚书阿思哈，户部尚书马尔赛、吏部侍郎泰必图、兵部尚书噶褚哈、兵部侍郎迈音达、工部尚书济世、内秘书院学士吴格塞等等。一切政事，先于私家议定，然后施行。又将部院官员启奏带往私门商酌。对不肯依附者，则深文周纳，置之死地。顾命辅政不久，于康熙三年（1664 年）四月，以"守陵怨望"定罪，诬杀内大臣费扬古。康熙五年（1666 年），他利用黄白两旗之间的不和，挑起早已平息了的由于分拨圈地引起的宿怨，拉拢两黄旗，打击正白旗，在四辅臣中使正白旗大臣苏克萨哈处于孤立地位。鳌拜借此制造纠纷，矫旨冤杀国史院大学士兼户部尚书苏纳海，直隶、山东、河南三省总督朱昌祚、直隶巡抚王登联。

首席辅政大臣索尼，矢忠皇室，在他病重时，眼看鳌拜势力膨胀，遂领衔奏请康熙皇帝亲政，留中未发。康熙六年（1667 年）六月二十三日索尼病死，鳌拜更加肆无忌惮。七月初七日康熙帝亲政，年十四岁。鳌拜意气凌轹，视苏克萨哈为擅权障碍，竟罗织罪状二十四条，判以凌迟。康熙帝不允，鳌拜以皇上年少可欺，在御前攘臂力争，累日强奏，判处苏克萨哈绞刑，其子内大臣查克旦凌迟，叔弟侄均处斩决，未成年者亦不能幸免，家产籍没，妻孥入官。这样，四大辅政体制，早已蜕变成鳌拜个人专权。当年力图避免的种种弊病，如今又一一再现了。少年天子，遭到轻蔑；神圣的皇权，面临侵犯。鳌拜欺君专擅，恣意妄为，文武各官，尽出私门。骄横跋扈，皇帝面前也不收敛。稍不如意，呵斥部院大臣，显威慑众，甚至抗旨，拦截章奏。如此擅作威福，专权自恣，是康熙皇帝所不能容忍的。鉴于鳌拜结党已非一日，侍卫中也有亲信，必须不动声色，周密筹划，方保无虞。于是康熙皇帝将鳌拜的重要党羽陆续派往外地，以老臣索尼的次子索额图为一等侍卫，作为心腹，一切都准备得非常秘密，陶醉在权力膨胀中的鳌拜完全没有想到，十六岁的少年皇帝玄烨竟能把他置于死地。康熙八年（1669 年）五月十六日，鳌拜入见，康熙皇帝突令羽林士卒将其擒拿，并向议政诸王揭露鳌拜罪行。同时拘捕的还有仰承鳌拜鼻息、知恶不举的另一辅政大臣遏必隆，以及每次进奏时称鳌拜为圣人的阿南达。康亲王杰书等议政诸王，遵旨勘问，条列鳌拜罪行。主要是：在各要害部门安置亲信网结奸党，紊乱国政；陷害忠良，枉杀大臣，排斥异己；轻慢幼帝，抗旨逆命，逼勒皇上依允所请；禁止科道陈言，阻塞言路。根据所议，罪状三十条，"逆恶种种，所犯重大。应将鳌拜革职立斩，其亲子兄弟亦应斩，妻并孙为奴，家产籍没，其族人有官职及在护军者均应革退，各鞭一百，披甲当差"。议遏必隆，"藐视皇上"，追随鳌拜，罪状十二条，"应将遏必隆革职立绞，未分家之子并妻为奴"①。同时议罪的还有班布尔善二十一大罪状，革职立斩，因系宗室改立绞；鳌拜之侄塞本得凌迟处死；吏部尚书阿思哈、户部尚书马尔赛、兵部尚书噶褚哈；吏部侍郎

---

① 《清圣祖实录》卷 29，康熙八年五月庚申。

泰必图，鳌拜弟都统穆里玛，均应革职立斩；鳌拜之子那摩佛，侄讷莫、佛伦，及鳌拜其他党羽希福、阿林、刘之源、刘光、插器、阿尚达、布达礼、济世、迈音达、吴格塞、额尔德里、郭尔浑等均应立斩，鳌拜兄赵布大，婿赖虎等立绞。所议上奏皇帝，康熙皇帝召见鳌拜，亲自训问后认为情罪俱实，本应依议处死，但念鳌拜效力年久，虽结党作恶，不忍加诛，著革职、籍没、拘禁。结果除班布尔善、穆里玛、阿思哈、噶褚哈、泰必图、塞本得、讷莫、济世、吴格塞九人处死外，其余党羽，均宽宥免死，从轻治罪。五月二十五日发布给吏、兵二部的谕旨说："至于内外文武官员，或有畏其权势而倚附者，或有身图幸进而倚附者，本当察处，姑从宽免，自后务须洗心涤虑，痛改前非，遵守法度，恪共职业，以副朕整饬纪纲，爱养百姓至意。"① 鳌拜家人供出地方督抚大员有嘱托行贿者，康熙帝均不加追究从宽免罪。随后相继为苏克萨哈、苏纳海平反昭雪，其爵位、世职由其后人承袭。凡在鳌拜擅权时期，蒙冤致死或革职、降级者，一一予以昭雪平反。

清除鳌拜集团是康熙皇帝亲政后处理的第一件国家大事，在极短时间内顺利铲除盘根错节、权倾一时的朋党，成功地将大权集中在自己的手里。在策略上，只处死少数首恶

---

① 《清圣祖实录》卷 29，康熙八年五月庚申。

分子，对鳌拜党羽中的绝大多数均予宽宥，避免了广泛株连，错杀无辜。如此迅速而成功地清除鳌拜集团，表明年仅十六岁的康熙皇帝玄烨已具备解决重大难题的政治才能和成熟运用出其不意、打击重点、分化瓦解等为政策略，表现出了康熙皇帝施政的某些特点。①

解决鳌拜擅权集团、掌握全部中央政权之后，康熙皇帝又采取一系列措施，对于四大臣辅政时期的一系列错误政策和路线，康熙皇帝也进行了较大程度的纠正与调整，清除了鳌拜多年擅权所造成的各种严重后果。

第一，恢复内阁制度，废除内三院，建立正式的辅助皇帝处理政务的行政机构，班居六部之上，大学士兼殿阁之衔。同时恢复了翰林院的独立地位。

第二，大规模整顿吏治，惩治贪官污吏。康熙皇帝采取措施改变鳌拜专权期间官场腐败，贪官污吏肆行的严重局面，要求各级官吏必须时时注意民间疾苦，务须"纪己洁清，摒绝馈受"，对不思尽职，惟图利己，嘱托行贿，苟图幸进者，从重治罪，决不姑贷。同时下令恢复官吏甄别考察制度，颁布管理官员的相关条例，加强对于官吏的监察。

第三，着手调整民族政策，特别是注意调整满汉关系，诏令永停圈地，采取一系列与民休息的政策。康熙八年（1669

---

① 参见《清代全史》（第2卷），方志出版社2007年版，第143—145页。

年）六月，康熙皇帝诏令："自后圈占民间房地，永行停止，其今年所已圈者，悉令给还民间。"康熙二十四年（1685 年），重申停止圈地的诏令。至此，入关以来这项扰民特甚的弊政终于停止下来，其他各项也都逐渐纳入正轨。[1]

三、设南书房，实行"乾纲独断"

南书房位于大内乾清宫西南处，是康熙皇帝决策军国大事的地方。"康熙中……时尚未有军机处，凡撰述谕旨多属南书房诸臣……权势日益崇"[2]，有人竟因此将之比为后来的军机处。"康熙中……撰拟谕旨则关南书房，南书房之选，与雍正以来军机房等"[3]。南书房可说无政府之名，却部分地取代了中枢之职，是一个颇为特殊的权利场所。

康熙皇帝建立南书房，大概是在他清除鳌拜势力，掌握政柄以后。其实在清代，统治者利用书房作为从事政治活动场所的例子，早在入关前已有。据有学者研究，太祖努尔哈赤时期，不但大汗本身，连诸贝勒亦皆有书房，内设秀才若干，助其读书。后来皇太极又创设"文馆"。"文馆"二字，

---

① 参见白新良等著：《康熙传》，岳麓书社 2015 年版，第 27 页。

② （清）赵翼著：《檐曝杂记》卷 2，上海古籍出版社 2012 年版，第 36 页。。

③ 《龚自珍全集》，《徐尚书代言集序》，上海人民出版社 1975 年版，第 192 页。

便是汉文对书房的雅致翻译。它直领于皇太极，名义上是做些文书翻译工作，实际上含有给大汗咨询政事以抗衡诸王分权的意义。①入关后，福临"于景运门内建直房，令翰林官入宿备顾问"②，亦具有同样的含义。

康熙皇帝之所以看中南书房，并着力培植其势力，既受到以往父祖们行事的影响，亦与当时上层各政治势力的消长争斗有着重要的关系。诚如前面所述，顺、康之际，是议政王大臣会议权力重新扩展的时期。议政王大臣会议不但参与重大的军政决策，严重地干扰和侵犯内阁处理日常政事的职权，甚至连皇帝的权力也时受掣肘。康熙皇帝继位之初，因鳌拜擅权，又使皇权不同程度地受到损害。所以，自康熙皇帝清除鳌拜势力后，便运用手段，一方面缩小议政的范围，削弱、限制议政王大臣会议的权力；另一方面通过御门听政、议政等途径，使内阁能较为正常地发挥效能，达到树立皇帝权威，适应处理各种不断扩大政务的要求。在此过程中，康熙皇帝也深深地感到，要提高决策的准确度，使办事得心应手，还需建立一个时刻追随身旁可备顾问决策的班底。这样，南书房便成了康熙皇帝的议政之地。

康熙十六年（1677年）十月二十日，康熙皇帝以"观书写字"，需"博学善书者"为名，要求在翰林内选择人才，"常侍

---

① 参见孟昭信著：《康熙大帝全传》，吉林文史出版社1987年版，第55页。
② （清）俞正燮著：《癸巳存稿》卷9，辽宁教育出版社2003年版，第249页。

左右，讲究文义"。为了能做到一经"宣召"，便能"即至"，还规定给入选人员"于城内拨给房屋"，安顿居住。他们在书房"饮膳给于大官，执书使中涓，纸笔之属出自御府，珍果之属撤自御馔者日数至焉"①，特遇十分优厚。一时间，很多文学之士如张英、高士奇、陈廷敬、叶方蔼、励杜讷、王士禛、查慎行、徐乾学、王鸿绪、戴梓、梅文鼎、励廷仪、张廷玉、魏廷珍等，都先后在南书房当过班。被康熙皇帝称为"天下莫不闻"其"学问"的方苞，还以白衣入直南书房②。

这些被选入值南书房的顾问，平时除侍奉皇帝观书作画，谈论学问外，兼有撰拟制诰，以及"代拟谕旨""咨询庶政""访问民隐"等任务③。查慎行在《乙酉日记》中谈到奉命入值南书房时，黎明踏雪入朝，当皇帝御门完毕，便临幸南书房。又说，当时顺天乡试录及各省题名录，也都由入值人员勘对，然后再交内阁收贮。康熙皇帝命王鸿绪将外面所见所闻，随时写成密折向他报告。有时皇帝外出巡视，这些密折就通过南书房交与宫监首领"慎密收发"。据说这些入值官员曾秉承皇帝旨意，在参与平定三藩、倾劾权臣明珠等重大政务中，都出了不少气力。皇帝的某些政治设想和行动，不便立即传知外朝，亦通过南书房间接透出风声，或予完成。

---

① （清）李调元著：《淡墨录》卷3，辽宁教育出版社2001年版，第45页。
② 《方苞集》卷18，《两朝圣恩恭记》，上海古籍出版社1983年版，第515页。
③ 《清稗类钞》第3册，《南书房供奉》，中华书局2010年版，第1298页。

为了确保内廷的机密，加强专制集权，按规定，凡入值南书房后，均不得预外事。但实际上很难做到，以致发生徐乾学、高士奇、王鸿绪结党纳贿的丑闻。于是，康熙皇帝乃于康熙三十五年（1696 年）五月，谕令翰林院、詹事府和国子监等三机构，要他们"每日轮四员入值南书房"，以便皇帝"不时谘询，可以知其人之能否，以备擢用"①。这样做，既削弱了常值人员的权势，能够防微杜渐，又借机考察官员，起到精政廉政的作用，这是康熙皇帝对南书房建设的又一重要步骤。

由于南韦房不属于正式权力机构，被选者只称入直南书房，或南书房行走，其官衔各依原来任职，最多不过四品。但因为他们朝夕侍奉皇帝，"非崇班贵倮、上所亲信者不得入"，一旦外任，差不多都能得到重用，所以颇为官场所看重。

自康熙中期以后，参与中枢决策重任的有内阁、议政王大臣会议和南书房。章疏票拟，主之内阁；军国机要，主之议政处；若特颁诏旨，由南书房翰林院视草。康熙皇帝把中枢权力一分为三，它们间既各有分工，又相互牵掣，最后决策均集中于皇帝之手，使之能更方便地加以控制和使用。这也是清朝统治者在运用和平衡中枢权力时最费心思的事情。②

① （清）蒋良骐撰：《东华录》卷 16，中华书局 1980 年版，第 267 页。

② 参见白钢主编，郭松义、李新达、杨珍著：《中国政治制度通史》（第 10 卷，清代）人民出版社 1996 年版，第 114—117 页。

第二章　消灭割据　巩固统一

　　康熙皇帝亲政后，清政府对全国的统治虽已确立，但部分地区一直未能置于有效控制之下。南方数省有三藩割据势力，台湾岛屿有郑氏反清集团。康熙皇帝经过十余年的努力，终于平定三藩，收复台湾，完成了统一祖国的大业，揭开了清朝治理史崭新的一页。

一、平定三藩之乱

清初，为了充分利用汉族降将的力量，统一与统治全国，清政府封了四位汉王：平西王吴三桂、平南王尚可喜、靖南王耿仲明和定南王孔有德。顺治六年（1649年），耿仲明死于江西，其子继茂袭爵。顺治九年（1652年），孔有德卒于桂林，无子爵除。此后，清政府令吴三桂镇守云南，尚可喜镇守广东，耿继茂镇守福建，继茂死，其子精忠继之。史称清初三藩。

清政府建三藩的目的，本为"辑宁疆圉，以宽朝廷南顾之忧"①。然而三王分镇之后，手握重兵，雄踞一方，位尊权重，骄恣无忌，逐渐走上与中央集权政府对立的道路，成为分裂割据的军阀势力。

随着清初国家统一形势的发展和要求，三藩割据势力与清政府中央集权在经济、政治、军事诸方面产生了深刻的矛盾。

经济上，三藩的巨额军费一直是清廷的沉重负担。三藩"縻俸饷巨万"②，近省鞭输不给，一切仰诸江南，岁二千余万。绌则连章入告，既赢不复请稽核。"天下财赋半耗于三

---

① 《清世祖实录》卷137，顺治十七年六月庚子。
② 《清史稿》卷474，列传261，第42册，第12842页。

藩"①，而其中尤以吴三桂为最。康熙六年（1667 年），左都御史王熙疏言："直省钱粮，大半耗于云贵、闽、广之兵饷。就云贵言，藩下官兵岁需俸饷三百余万。本省赋役不足供什一，势难经久。"②直到康熙十一年（1672 年），这一状况仍未改变。"云南则需协银岁常一百七十余万，贵州则需协银岁常五十余万……福建则需协银岁常一百六十余万，广东则需协银岁常一百二十余万。"③

　　政治上，三藩专擅一方，所据之地，形同独立王国。尤其是吴三桂，节制云贵督抚，使中央对云贵的统治权名存实亡。

　　军事上，三藩久握兵柄，分驻严疆，已成尾大不掉之势。康熙初年，"国家养兵凡五十八万有余"④。三藩兵力，虽只占全国兵力的十分之一左右，但其兵将久受藩王豢养，只知为藩王家丁，不知有朝廷。除了额兵之外，三藩还私自征兵，并给府中成年男子发放兵器，经常操练。因此，三藩的武装力量已经构成了对清政府的潜在威胁，成为当时危害国家统一的最大障碍。

　　三藩割据势力的恶性发展，使部分清朝官员深感不满。

---

　　①（清）魏源撰：《圣武记》卷 2，《魏源全集》第 3 册，岳麓书社 2004 年版，第 60 页。

　　②《清史列传》卷 8，第 2 册，中华书局 1987 年版，第 514 页。

　　③（清）魏源撰：《皇朝经世文编》卷 72，《魏源全集》第 13 册，岳麓书社 2004 年版，第 84 页。

　　④ 中国第一历史档案馆藏：《康熙朝奏销册》，2824 号。

早在顺治年间，御史郝浴、杨素蕴、布政使胡章、给事中杨雍建等便已疏劾三藩的不法行为。康熙初年，庆阳知府傅弘烈也曾奏告吴三桂图谋不轨。浙江巡抚范承谟更在卧榻之侧悬一小牌，上书时事数则，第一条便是"三王宜撤"①。

上述这一切引起了康熙皇帝的高度警觉。他清醒地看出，"吴三桂非宋功臣可比，乃唐藩镇之流耳"②，并"以三藩及河务、漕运为三大事，夙夜廑念，曾书而悬之宫中柱上"③，寻找适当的时机加以解决。三藩与清政府之间的矛盾不断加深，一场大规模的对抗已经不可避免。

康熙十二年八月初六日（1673年9月16日），康熙皇帝下令三藩并撤。九日，他谕兵部安排撤藩事宜。十五日，差礼部侍郎折尔肯、翰林院学士傅达礼往云南，户部尚书梁清标往广东，吏部侍郎陈一炳往福建，经理各藩撤兵起行事宜。

康熙十二年（1673年）十一月二十一日，吴三桂在云南公开叛乱。

康熙十三年（1674年）三月十五日，耿精忠据福州叛清。

康熙十五年（1676年）二月二十一日，尚之信在广东叛清。

三藩之乱全面爆发。

---

① （清）魏源撰：《圣武记》卷2，《康熙戡定三藩记下》，《魏源全集》第3册，第81页。

② （清）永瑢等撰：《四库全书总目》卷49，史部5　纪事本末类，中华书局1965年版，第439页。

③ （清）赵尔巽等撰：《清史稿》卷279，列传66第32册，第10122页。

三藩之乱发生后，清廷内部反对撤藩的王公大臣惊慌失措。他们把叛乱归罪于撤藩，请诛主撤之臣。在这危急时刻，康熙皇帝镇定自若。他坚定地表示："朕自少时，以三藩势焰日炽，不可不撤。岂因吴三桂反叛，遂诿过于人耶？"[①]面对三藩挑起的战火，他勇敢地担起了平叛重任，迅速调兵遣将，制定了卓有成效的军事、政治部署。

三藩战争，对年仅二十岁的康熙来说是一次严峻的考验。

叛乱初起，康熙皇帝力图将战事控制在云南、贵州和湖广境内，于是沿三省设防，布军要卫，指派前锋统领硕岱兼程前往荆州（湖北江陵）防守，以固军民之心，并进据常德，阻止叛军东犯。命西安将军瓦尔喀率精骑星驰开赴四川，坚守自滇入川的险要之地。又以广西毗邻贵州，授孙延龄为抚蛮将军，绵国安为都统，命统兵固守。同时，停撤平南、靖南二藩，令二王分守汛地，以孤立吴三桂。康熙对军事、政治同时部署，表明了他的战略意图是集中力量打击元凶首恶。

湖广和四川是康熙皇帝确定的防御重点，因为荆州"乃咽喉要地"，自古为兵家所必争。在继硕岱之后，康熙命顺承郡王勒尔锦为宁南靖寇大将军，总统多罗贝勒察尼等十四员大将及八旗劲旅一万余兵驻守荆州。又增派都统赫业为安西将军，与瓦尔喀一同由汉中开往四川。两路大军出发之日，

① 《清史列传》卷 20，《大臣传·傅恒》第 5 册，第 1495 页。

康熙皇帝亲赐敕印，诫谕将帅"惟得民心为要"，所过地方严禁侵暴百姓，尤应体恤官兵劳苦，有劳绩者赏不逾时。康熙皇帝亲出西安门送行，厚望诸将早日凯旋。

东南为财富之区，为防止叛军沿江东下，康熙皇帝命都统尼雅翰总统诸师驻防安庆要塞。

康熙十三年（1674 年）二月，孙延龄据广西叛。三月，耿精忠于福建反。康熙皇帝力图将吴军控制在西南三省的部署已无法实现。此时吴军陈兵长江南岸，湖南、四川全部失陷。耿精忠致书郑经请从海上登陆，同时遣将攻取浙江南部和江西东部。吴三桂亦对清军展开猛烈攻势。他以清军控扼荆州乃图两翼，一路由长沙窥江西，一路由四川窥陕西，攻陷江西袁州、萍乡、安福、上高，与耿精忠合兵，陷三十余城。江西告急。

江西乃粤东咽喉，江浙唇齿，所关綦重。康熙皇帝手谕护军统领桑格进兵袁州、吉安、赣州等要地，并相机由袁州进取长沙，以攻为守。同时加强各要地的驻防兵力，增兵袁州、江宁、杭州、京口和广东、江南等地。又及时调整各地指挥系统，以改变各将分守汛地互不统属的局面，分别任命多罗贝勒尚善为安远靖寇大将军，统率诸将进攻岳州；和硕康亲王杰书为奉命大将军，率兵赴浙闽；多罗贝勒董额为定西大将军，统率四川诸将；和硕简亲王喇布为扬威大将军，保固江南、江西；和硕安亲王岳乐为安远平寇大将军，赴援广东。经过此次大规模调整，康熙皇帝指挥清军平叛的部署基本上完成。

与军事行动相配合，康熙皇帝还采取了一系列的政治措施。

第一，康熙皇帝实行了分化瓦解、剿抚并用的正确策略。

吴三桂倡乱之初，康熙皇帝便停撤平南、靖南二藩，并令吏部、兵部晓谕，原吴三桂属下官民，在直隶各省出仕及闲住者，与叛乱无涉。虽有父子兄弟在云南，亦概不株连。三藩俱叛之后，康熙皇帝对吴、耿、尚区别对待。将吴三桂子孙明令正法，而对耿精忠在京诸弟则予以宽容。在调兵遣将的同时，派工部郎中、靖藩属下护卫及耿精忠之弟赴闽招抚，反复声明，若耿精忠悔罪归诚，复其王爵，照旧镇守。即使像王辅臣那样的叛乱头目，康熙皇帝仍派礼科给事中和王辅臣之子赍敕前往招抚，并极其宽容地表示，王辅臣杀经略莫洛，事出有因，"咎在朕躬，于尔何罪？"① 对于从逆官民，康熙皇帝"念此等俱受国恩，必非甘心从贼逆。盖有怀忠义之心，而无脱身之路者；又有身被迫胁，惧罪疑畏者"②，特颁敕谕，概示招徕。只要悔罪归正，前事悉赦不问。对于在平凉投降的云南士兵，康熙皇帝不仅不杀，且赏路费还乡，使士兵感恩戴德，纷纷播言：盛德如此，若再要打仗，唯有反戈相向耳。

---

① 《清史列传》卷80，《逆臣传·王辅臣》，第20册，第6655页。

② 《圣祖仁皇帝实录》卷67，康熙十六年六月辛酉《清实录》第4册，中华书局1985年版，第16页。

第二，康熙皇帝十分重视发挥汉人的作用。

康熙十三年（1674 年）三月，他谕吏部："大兵进剿逆贼，指日荡平。地方恢复之后，即应设官，抚绥民生，料理事务，顷以需人甚急，已将汉军内堪用人员，照该督抚所请，发往军前候用。其汉人中素有清操及才能堪任烦剧者，不拘资格，著汉官大学士以下，三品堂官以上，据实保举，发往军前，与汉军官员一体并用。"① 随着战局的发展，康熙皇帝越来越清楚地认识到汉兵汉将的力量，确信"自古汉人逆乱，亦惟以汉兵剿平，彼时岂有满兵助战哉！"② 为此，他充分发挥绿旗兵的作用，对其功绩给予高度评价。明确指出，战乱以来，各省绿旗官兵，剿御敌寇，恢复地方，勤力行间，著有劳绩，令兵部察明议叙。对于有突出贡献的汉族将领，予以重任。③

由于军政部署卓有成效，加上康熙皇帝的政治策略运用得当，清政府很快取得了战争的主动权，由防御转入进攻。经过八年平叛，战火燃遍大半个中国的三藩之乱彻底平息，全国局势得以稳定。

平定三藩的战争，对清王朝来说是生死存亡之战，康熙皇帝深受震撼。在取得胜利后，群臣纷纷上疏请上尊号，说

① 《清圣祖实录》卷 46，康熙十三年三月甲申，第 4 册，第 1274 页。

② （清）蒋良骐撰：《东华录》卷 24，第 21 页。

③ 参见《清代全史》（第 2 卷），方志出版社 2007 年版，第 194—195 页。

天下太平，皆赖皇上一人功德所致。康熙皇帝则十分清醒，对这类溢美颂扬之辞不以为然，断然不允。他认真思索，反躬自省，向诸大臣提出巩固清王朝统治的诸项方针措施。

其一，康熙训谕群臣说：平定三藩"若以为摧枯拉朽，容易成功，则辞过其实"①。八年战争，劳师动众，兵民困苦已极，每念及此，甚感不安。三藩战争已使国家元气大伤，满目疮痍。康熙皇帝告诫诸大臣说"君臣之间，全无功绩可纪"，故而"上尊号一事，断不可行，乃朕实意，非粉饰之词也"。他指出，当务之急是恤民养民，使兵民得以休息，永消异日之隐忧。为此，必须荡涤烦苛，维新庶政，用宽和正大之风治理国家。

其二，康熙皇帝由三藩之叛认识到，边疆提镇，久握兵权，为消除割据隐患，在惩处反叛首恶的同时，又遣散藩属官兵家口，或编为佐领入旗，或分散于各省安插，并采取其他一系列措施。

其三，三藩叛乱使康熙皇帝进一步认识到，人心向背，关系到清王朝的统治能否巩固。吴三桂初叛时，以民族战争相号召，假以"大义"，各省相率叛清。康熙皇帝从这一事实认识到，之所以出现这种局面，是由于清王朝的统治尚未深得人心，吏治未能厘正；是清军入关后，实行种种民族压迫

---

① 《圣祖仁皇帝实录》卷99，《清实录》第4册。

政策所带来的后果。他尤以自己"德薄"，未能使百姓康福而内咎。在武力平叛后，大力进行政策调整，以争取民心。[①]

平定三藩叛乱和康熙皇帝对有关治国政策的调整，成为政局全面走向稳定的契机，清王朝由此开始走向空前巩固与统一。

二、统一与建设台湾

三藩之乱后期，康熙皇帝稳操胜券，渐渐将注意力转向台湾。康熙十九年（1680 年）八月，他问到进征台湾事，因时机未到，同意大学士明珠所奏，"闽疆新定，遘逃残寇姑徐俟其归命，再若梗化，进剿未晚"[②]。但君臣这一问答，已显示出用战争解决两岸重新统一问题的意向。"三藩之乱"平定后，在调整治国政策、采取措施化解一度颇为尖锐的民族矛盾的同时，康熙皇帝又把眼光转向了东南边疆，开始了统一台湾的事业。

台湾自古以来就是中国的领土，与大陆隔海峡相望。海峡两岸一直存在着密切的联系。顺治末年，郑成功为坚持抗清斗争，率师渡台，驱逐了盘踞台湾达三十年之久的荷兰殖

---

① 参见王思治、李岚著：《康熙皇帝》，故宫出版社 2016 年版，第 34—35 页。
② 《康熙起居注》，康熙十九年八月四日，第 581 页。

民者，并致力于台湾的开发，使台湾社会经济迅速进步。明朝灭亡之后，清政府逐渐地掌握了大陆的统治权。但是，郑氏父子祖孙相继割据台湾，打着反清复明的旗号，对清政府统治的稳定构成了严重威胁。这样，在平定"三藩之乱"后，康熙皇帝首先规划了统一台湾的军事行动，采取攻心为上的策略，分化和瓦解郑氏集团，彻底解决台湾的统一问题。

早在顺治年间，清政府为了孤立和瓦解郑氏集团，即采取了严禁出海与内迁沿海百姓的政策，称之为海禁。康熙初年，四大臣辅政，继续奉行此策。次年，清政府将沿海百姓的船只全部烧毁，并派官员到江、浙、闽、粤、鲁等省进行大规模迁界禁海，将各省沿海百姓迁入内地三五十里，设界防守，严禁逾越。清政府本想以此举割断台湾与大陆的联系，使其得不到大陆的物资接济，坐而待毙。没想到空出的地方更加有利于郑军的自由出入，他们将守界的官兵收买，照常可以从大陆得到物资接济。而迁界禁海的政策却使沿海百姓流离失所，土地大片荒芜，对外贸易停止，国家税收锐减。

与禁海迁界的政策相配合，清政府也致力于遣使招抚。康熙元年（1662 年），清政府就在江、浙、闽、粤等地设置招抚官员，专门负责招降之事。就在这一年，郑成功去世，郑袭、郑经叔侄为争夺延平王王位，兵戎相见。福建总督李率泰、靖南王耿继茂想利用这个机会招抚在厦门的郑经。郑经想平定郑袭集团作乱，但又担心陷入与清军和台湾郑袭集团两面作战的境地，因此，对清政府的招抚大为欢迎，派人假意与清政府谈判，并上缴明朝所赐敕命、印信和"海上军民土地清册"，表示接受招抚，借以拖延时间，而同时又亲率大军赴台湾，凭借郑成功之子的身份，迅速瓦解郑袭集团，勘平内乱。随后郑经返回厦门，拒绝履行招抚条件。清政府的招抚计划彻底失败。

康熙三年（1664年）六月，郑氏集团内部又起纷争。六月初七日，郑经设计囚其伯父郑泰，并勒令自杀。郑泰的弟弟郑鸣骏及其儿子郑缵绪被逼无奈，率领水陆官员四百余人、兵马万余众、船三百余号入泉州港，投降清政府。经此变故，郑氏集团力量大为削弱。当年九月，被郑成功驱逐出台湾的荷兰殖民者揆一，请求投靠清政府，合兵进击台湾。耿继茂、李率泰也欲乘郑经力量削弱之机收复金、厦、台，遂调全体投诚官兵和荷兰夹板船，收复沿海诸小岛。十月，分三路猛扑金、厦。其中，荷兰殖民者与提督马得功从泉州出发，担任主攻。郑经重点攻击此路兵。十月十九日，两军相遇金门乌沙港，郑经大败清军，马得功投海而死。但郑经的另外两路兵却败于清军，郑经被迫退守铜山（今福建东山岛），金、厦遂为清军收复。李率泰希望郑经在穷困之时能归降清政府，没有乘胜追击郑军，而是派人四处招降，借以扰乱军心，使其不战自散。郑经坚持像朝鲜那样，不剃发、不登岸才肯投降，否则，宁死不屈。招抚郑经的计划虽然失败，但扰乱郑经军心之举却大获成效。在清政府的高官厚禄的引诱之下，康熙三年（1664年）一月，郑经将领林顺统全镇之兵自镇海投诚。二月，守护南澳的护卫左镇杜辉勾通镇海将军王国化从揭阳港投降清政府。郑经见诸将纷纷叛降，自知铜山必难坚守，遂退居台湾，令周全斌、黄廷断后。周、黄两人不想远离故土，也归附了清政府。自此，金、厦及沿海诸岛尽归清政府所有。

康熙十二年（1673 年）底，三藩之乱爆发。清政府把主要精力放在剿灭三藩之乱上，对郑经采取招抚政策。三藩之乱平定后，统一台湾的条件日益成熟。就在清政府厉兵秣马，捕捉战机之时，郑氏集团内部却日益腐朽，走入穷途末路。郑经败回台湾之后，不思进取，萎靡不振，自以为自己远处海岛，可高枕无忧，遂于康熙二十年（1681 年）纵欲而死。这时，执掌郑氏集团大权的冯锡范、刘国轩，又背信弃义，刺杀郑经长子郑克臧，拥立年仅十二岁的郑克塽继位。因其年幼不能任事，诸事皆取决于冯锡范。郑氏集团内部因此更加混乱不堪，上下互相猜疑，离心离德，处于一盘散沙的状态。

康熙二十年（1681 年）四月，姚启圣接到来自台湾的情报，知郑经已死后，郑氏集团内部发生内乱，认为收复台湾的机会已到。遂上疏康熙皇帝，请调水陆官兵，乘机直捣台湾。康熙皇帝当即决定，由总督姚启圣、巡抚吴兴祚，提督诺迈、万正色等，会同将军喇哈达、侍郎吴努春，同心合力，采取剿抚并用的策略，彻底安定海疆。为了确保平定海疆战役的顺利进行，姚启圣、吴兴祚联名上疏，保举施琅为水师提督，康熙皇帝准奏。康熙二十二年（1683 年）六月，施琅督率舟师收复澎湖。澎湖大捷，郑军主力尽失，台湾郑氏政权投降，台湾与大陆重新统一。

台湾统一后，康熙二十三年（1684年）四月，康熙皇帝下诏设置台湾府，下设一府三县，隶属福建省，于其南路设置凤山县，北路设置诸罗县，府治设置台湾县，澎湖归台湾府管辖。军事上，在台湾设总兵一员，副将两员，驻兵八千；在澎湖设副将一员，驻兵两千；每营设游击、守备、千总、把总等官，与内地编制相同。对于台湾地方官员的选拔和任命，康熙皇帝也极为重视。经过督抚商议推荐，康熙皇帝任命原泉州知府、汉军镶白旗人蒋毓英为第一任台湾知府。康熙皇帝还亲自选任正黄旗参领杨文魁为第一任福建台湾总兵官，并亲加叮嘱：务要勤于政务，努力使台湾保持安定；台湾商贩较多，不得对他们盘剥，以致挑起不稳定的事端。从此，台湾的历史又揭开了新的一页。

第三章　亲征朔漠　出兵安藏

收复台湾之后，清政府稳定了东南沿海，统治秩序更加巩固。恰在此时，厄鲁特蒙古在噶尔丹的统治下崛起于西北，形成了一个与中央政府相对峙的强大的地方政权。为了进一步巩固统一，从康熙二十九年（1690年）至三十六年（1697年），康熙皇帝前后三次亲征，经乌兰布通战役、昭莫多战役，大败噶尔丹军，最终平定了噶尔丹的叛乱。平定噶尔丹分裂战争后，清政府先后设置阿拉善厄鲁特旗和额济纳土尔扈特旗；在哈密编置旗队，实行了札萨克制度，有效地保障了西北边疆地区的稳定与安全。康熙五十六年（1717年）以后，继噶尔丹之后割据准噶尔地区的策旺阿拉布坦乘西藏政局混乱之际派兵侵入西藏，置西藏于自己控制之下。面对这一严峻形势，已经进入迟暮之年的康熙皇帝又两次出兵西藏打败叛军，捍卫了国家的统一。

一、平定噶尔丹叛乱

厄鲁特蒙古是我国蒙古族的一支，明王朝建立以后，该部迁居漠北，又称瓦剌。明末清初，该部经过长期的内部纷争和互相融合，逐渐形成了准噶尔、杜尔伯特、和硕特、土尔扈特四大部，并迁居到新疆一带。四部之中，以准噶尔部最为强大。康熙初期，准噶尔部首领噶尔丹兼并天山南北、控制中亚，形成了一个与清中央政府相对峙的地方政权。

面对崛起于西北大漠的咄咄逼人的噶尔丹割据势力，清政府的西北边疆感受到了压力。当时，清政府正忙于平定"三藩之乱"，无力西顾。康熙皇帝只是谕令守边清军严加防范，对于厄鲁特蒙古的内部事务概不过问。这反而使噶尔丹更加狂妄自大，康熙十八年（1679年）九月，噶尔丹竟以五世达赖所赐"博硕克图汗"名义遣使入贡。按清朝定例，从不允许擅称汗号者入贡。但是，对噶尔丹这种挑衅举动，康熙皇帝仍是容忍，准其献纳。直到"三藩之乱"平定之后，康熙皇帝才对其越分之举加以裁抑。当时，噶尔丹为了获取经济利益，每年派遣到北京朝贡的人数逐年增加，最多时达几千人，并且沿途抢掠塞外蒙古牲畜，抢夺财物，给沿途蒙汉民众造成了巨大的伤害，再加上清政府在朝贡贸易中的巨额支出，促使康熙皇帝改变过去外藩蒙古来使不限人数的定例，规定自康熙二十二年（1683年）开始，各部只允许遣使二百人入京贸易。噶尔丹无视清政府的规定，次年，仍遣使二千人入京朝贡。清政府只允许其中二百人入京，其余人一律迁回。噶尔丹大为恼火，为建立自己的西北霸权，补偿由于在入贡贸易中因限制人数而造成的经济损失，噶尔丹将掠夺的矛头指向喀尔喀蒙古，企图利用喀尔喀蒙古内部的争端控制喀尔喀蒙古。

"三藩之乱"平定后，为了防止噶尔丹插手喀尔喀蒙古事务，保持北疆安定，康熙皇帝先后向喀尔喀两翼派出使臣，调解两部争端。与此同时，他又传谕达赖喇嘛，令其遣使协助喀尔喀议和。康熙二十五年（1686年），执政第巴以达赖喇嘛五世的名义派出代表噶尔旦西勒图与理藩院尚书阿喇尼同赴漠北，在库伦（今乌兰巴托）伯勒齐尔召集两翼汗、济农、台吉举行会盟。会盟取得了巨大成功，喀尔喀两翼蒙古各部握手言和，重归于好。库伦会盟后，漠北蒙古的形势朝着有利于清政府的方向发展，使噶尔丹染指漠北的野心受挫。噶尔丹不甘心失败，开始寻找新的借口。康熙二十六年（1687年）四月，噶尔丹对清政府限制其入贡贸易人数表示反对，又致书理藩院尚书阿喇尼，就库伦会盟时，喀尔喀土谢图汗的弟弟哲布尊丹巴呼图克图与达赖喇嘛的代表噶尔旦西勒图相见时"抗礼踞座"之事挑动是非，并就此事致书土谢图汗进行责问，同对又派手下吴巴什至札萨克图汗部进行分裂性会盟。不久，噶尔丹又裹胁札萨克图汗部移师进驻三赫格尔，令右翼诸济农、诺颜、台吉等随札萨克图汗环绕安营，以防土谢图汗来攻。同时，又派上千名喇嘛，以佛事活动为名，游历喀尔喀各地，收集情报。康熙二十七年（1688年）五月中旬，噶尔丹率领精锐三万人，分兵三路杀向土谢图汗部，很快，战火烧遍整个喀尔喀蒙古，平定噶尔丹叛乱已经刻不容缓。

在噶尔丹拒绝接受康熙皇帝和平谈判的建议，妄图将漠西、漠北蒙古置于他的统治之下、与清政府南北分治情况下，康熙皇帝决定用武力解决问题，亲自规划了平定噶尔丹的军事行动。为了打赢战争，康熙皇帝首先派人对噶尔丹的各方面情况进行了侦察，通过大量军事情报，对噶尔丹的军事动向尽在掌握之中。同时康熙皇帝采取了联络噶尔丹政敌策旺阿拉布坦，孤立打击噶尔丹的策略。

康熙二十九年（1690 年），为了彻底歼灭噶尔丹，不留后患，康熙皇帝于七月十四日御驾亲征，但在亲征途中不幸染上重病，只好折回京师。在返回京师前，他对前线的进攻、联络、供应等细节都做了具体指示，并为军队增加炮兵及鸟枪兵五千人。八月初一日，福全指挥清军在乌兰布通同噶尔丹叛军展开决战，噶尔丹军队在清军的军事打击之下伤亡惨重，噶尔丹北逃。

经过乌兰布通之役，噶尔丹的嚣张气焰被打了下去，军事实力严重受损。但噶尔丹不甘心失败，在逃回大本营科布多之后，仍继续进行对抗清政府的行动。为了卷土重来，噶尔丹总结了乌兰布通战役失败的教训。面对实力雄厚的清政府，噶尔丹改变了以往的战略战术，采取了一系列削弱清政府统治和壮大自己的措施。

第一，针对清政府孤立自己的政策，噶尔丹切断了清政府同策旺阿拉布坦和西藏的联系。康熙三十年（1691年），策旺阿拉布坦在占有伊犁的同时，又派兵裹胁噶尔丹科布多的留守人员及其财物西去。为了防止噶尔丹的报复，策旺阿拉布坦派人向清政府争取政治、经济、军事等方面的援助。康熙皇帝重赏了来使，表示满足其请求援助的要求。为了切断策旺阿拉布坦与清政府的联络线路，噶尔丹占据了哈密，扼制住了中原通向中亚的咽喉要地，并于康熙三十一年（1691年）截杀了康熙皇帝派往伊犁策旺阿拉布坦处的使者员外郎马迪等七人。同时，还派人至西藏扎什伦布寺恐吓班禅，不准其进京朝觐。

第二，争取外援，缓和同政敌的紧张关系。康熙三十一年（1692年）以后，噶尔丹多次派人出使沙俄，争取军员、枪支弹药方面的援助；同时将自己的长女嫁给了青海和硕特蒙古博硕克图济农之子根特尔，改善了与青海的关系，保证了通向西藏道路的畅通和安全，与此同时，他还极力结好西藏第巴桑结嘉措。在第巴桑结嘉措的斡旋下，青海和硕特各部台吉，接济了噶尔丹不少粮食、牲畜等物质，并和策旺阿拉布坦的关系也有所缓和。

第三，实施离间之计，策反蒙古各部叛离清政府。康熙三十一年（1692年），噶尔丹派人到漠南蒙古给各部贵族王公散发自己的亲笔信，并派专人致书科尔沁土谢图亲王沙津，劝其反叛清政府。康熙三十五年（1696年），噶尔丹再次致书沙津，表示他将派沙俄生力军六万给沙津，以共同反叛清政府，然后伙分其地盘。噶尔丹又派奸细到鄂尔多斯六旗，喀尔喀蒙古车臣汗乌默克旗、赛因诺旗，赛因诺颜部一等台吉阿哩雅旗、郡王善巴旗，进行蛊惑，但都被各旗擒获献于清政府。

第四，养精蓄锐，发展农耕。噶尔丹改变了过去游牧的习惯，组织部分部众在科布多地区从事农牧业生产，几年内，科布多地区就出现了五谷丰登、六畜兴旺的繁荣景象，经济实力又恢复到了战前水平。[①]经过几年的苦心经营，噶尔丹又有了东侵的本钱。康熙三十四年（1695 年），他又开始了侵扰喀尔喀蒙古和清军的活动。

乌兰布通战役之后，康熙皇帝继续进行政治、经济、外交等方面的工作，为彻底平定噶尔丹的叛乱活动创造条件。

第一，康熙皇帝成功地解决了喀尔喀蒙古内部纠纷，推行了盟旗制度，将其纳入了清政府的管辖区域，形成了一条新的"万里长城"。

第二，针对噶尔丹流动作战的特点，康熙皇帝建立起包括漠西的完整的军事防御体系。在西线，为防止噶尔丹窜入青海、西藏，于康熙三十一年（1692 年）十月提升甘肃提督孙思克为振武将军；以建威将军希福坐镇大同，改大同、杀虎口步兵为骑兵，增加对抗噶尔丹骑兵的能力。康熙三十四年（1695 年）七月，提升右卫左翼护军统领舒恕为宁夏将军，以昭武将军郎坦坐镇肃州（今甘肃酒泉）。十月，委费扬古为右卫将军兼摄归化城将军事，将处理西线的大权全部交予费

---

① 参见白新良等著：《康熙传》，岳麓书社 2015 年版，第 144 页。

扬古，形成以归化城为中心的西部防线。康熙皇帝又谕令内大臣明珠等人赶赴漠南蒙古中部，调动喀尔喀蒙古及漠南蒙古诸部骑兵，驻扎在险要之地。东北地区统归黑龙江将军萨布素管辖，重点盯防索约尔济山，相机进剿噶尔丹。至此，从西到东的完整防御体系建成。

第三，外交上，继续采取孤立噶尔丹的措施，尽力割断噶尔丹与西藏、青海的联系。

康熙三十四年（1695 年）八月，噶尔丹率骑兵三万，再次东侵喀尔喀，向克鲁伦河以东推进，在喀尔喀地区四处骚扰，康熙皇帝率领大军主动出征，部署了著名的昭莫多之战。十一月初，康熙皇帝分兵三路，大张挞伐。东路军由抗俄名将黑龙江将军萨布素统领，经索约尔济山，直趋克鲁伦河。西路军分归化城军与宁夏军两支。归化城军由坚定支持康熙皇帝北进的安北将军费扬古率领，宁夏军由西安将军博济率领。中路大军则由康熙皇帝亲自统率，直奔喀尔喀蒙古克鲁伦河。五月初七日，清军在昭莫多向噶尔丹发起攻击，噶尔丹军力不能支，全线崩溃，大小头目或死或降。噶尔丹见大势已去，仅率少数人马趁夜色遁走，其精锐几乎丧失殆尽。康熙皇帝此次亲征，取得了辉煌的胜利。

噶尔丹在昭莫多之战失败后，势力进一步削弱，原先归附他的部众此时也纷纷脱逃。噶尔丹穷困已极，粮食帐篷皆无，只能挖掘草根为食。为解决粮食问题，七月，噶尔丹令侄子丹济拉率一千五百人抢劫喀尔喀郡王善巴之地，遭费扬古所率黑龙江兵拦击，大败而回。九月，噶尔丹又令丹济拉偷掠翁金清军储米仓站，与清军祖良璧部相遇，两军激战，丹济拉惨败。自此，噶尔丹再也没有力量与清军正面交锋，且穷蹙已极，不知所往。

康熙皇帝没有放松对噶尔丹的防备与打击。噶尔丹不死，就会东山再起。根据昭莫多战役之后的新形势，康熙皇帝调整了部署。在东部，因噶尔丹无力进攻，仅作一般性防御，令黑龙江将军萨布素率兵一千，驻守科图，余部都撤回。又令费扬古分率萨布素兵五百人及一部分蒙古兵前往善巴王汛地侦探噶尔丹形迹。与此同时，康熙皇帝大力加强西北地区力量，并准备第二次亲征噶尔丹。

康熙三十五年（1696 年）九月，大将军费扬古上奏，八月二十四日在达阐土鲁地方发现噶尔丹踪迹。于是，康熙皇帝决定第二次亲征。康熙三十六年（1697 年）三月下旬，康熙皇帝到达宁夏。在强大的军事压力之下，噶尔丹部众离心离德，纷纷归降，或离开噶尔丹自谋生路。噶尔丹内外无依，处境十分孤立，手下不过三百余人，每日以杀马驼为食。康熙皇帝利用这一大好形势，分兵两路进剿噶尔丹，一路出嘉峪关，由孙思克、博济率领；一路出宁夏，由费扬古率领。两路军兵每人带四个月口粮，于郭多里巴尔哈孙之地会合。三月十三日，噶尔丹窜至阿察阿穆塔合，因身患重病，不愈而亡，终年五十四岁；当晚，丹济拉将其遗体火化，携骨灰及噶尔丹之女钟齐海，率三百户投顺。康熙皇帝平定噶尔丹叛乱取得了最后的胜利。

二、两次出兵安藏

康熙五十二年（1713 年）以后，年愈花甲的康熙皇帝身体状况愈来愈差。就在此时，继噶尔丹之后割据准噶尔地区的策旺阿拉布坦却向内地发动入侵。不久之后，他又乘西藏政局混乱之际派兵偷袭西藏，置西藏于自己控制之下。面对这一严峻形势，已经进入迟暮之年的康熙皇帝又投入了捍卫祖国统一的正义斗争之中。

策旺阿拉布坦是准噶尔台吉僧格之子、噶尔丹之侄。噶尔丹即位后，为了巩固自己的汗位，视僧格诸子如眼中钉，肉中刺，必欲斩尽杀绝而后快。在噶尔丹的打击下，策旺阿拉布坦尽失属地、牛羊，带领少数亲信四处逃窜。为了求生，不得不和清中央政府结成统一战线，共同对付噶尔丹。因而噶尔丹败亡之后，清政府将噶尔丹遗众交给策旺阿拉布坦，令其在阿尔泰山以西住牧。乘此有利时机，策旺阿拉布坦控制了准噶尔全境。随着势力的增长，策旺阿拉布坦的政治野心也开始膨胀，并做起了称霸西域的美梦。他先是于康熙三十九年（1700 年）出兵青海，而后又与原先共同反对噶尔丹的土尔扈特部反目成仇，阻挠其使者入藏熬茶拜佛、进贡北京，并唆使土尔扈特阿玉奇汗之子率众一万五千人投降自己。经过十几年的准备，康熙五十四年（1715 年），他又派兵两千，向驻守哈密的清军发动了进攻。为此，康熙皇帝一方面遣使责问其兴兵犯界之罪，一方面又增戍驻边部队，兴办西域屯田，积粮练兵，严阵以待。眼见清朝边界防守严密，无隙可乘，策旺阿拉布坦诡计多端，遂以护婿返藏为由，出兵奔袭西藏，从而使得政局一直十分混乱的西藏又燃起了新的战火。

西藏位处中国西南边陲，俗尚喇嘛教。明朝末年，在当时政界领袖藏巴汗噶玛丹迥旺波的支持下，红教势力炽盛，而黄教却处于异常困难的境地。这时，在厄鲁特各部的共同支持下，崇祯十四年（1641年），信奉黄教的和硕特部顾实汗率兵入藏，俘获藏巴汗，控制了西藏政权，黄教也因此得到了复兴。为了借助政府支持以扩大黄教的传播，早在清室入关之前，顾实汗即遣使盛京，建议清统治者将达赖五世招至京师，令其讽诵经文，祈祝国泰民康。顺治九年（1652年），由于他的极力促成，达赖五世一行三千余人来到北京，受到顺治皇帝的隆重接待，并特封达赖五世为"西天大善自在佛所领天下释教普通瓦赤喇坦喇达赖喇嘛"。顾实汗死后，他的儿子达延汗、孙子达赖汗世居西藏，执掌藏政。康熙四十年（1701年），达赖汗长子丹增旺杰继位，他的兄弟拉藏贝鲁起而杀死其兄丹增旺杰，夺据汗位，是为拉藏汗。顾实汗祖孙父子长期专擅藏政引起了达赖五世及其执政官第巴桑结嘉措的强烈不满。为了摆脱控制，康熙二十一年（1682年），达赖五世圆寂之后，第巴桑结嘉措匿丧不报，并以达赖名义继续发号施令。直到十五年后，由于人们普遍怀疑和清政府遣使诘问，这一真相才被揭示。第巴桑结嘉措被迫拥立仓央嘉措为六世达赖喇嘛，并以第巴身份继续控制达赖喇嘛。为了达到长期专擅藏政的目的，他视拉藏汗如仇敌。这样，康熙四十四年（1705 年），拉藏汗纠合蒙古各部进军西藏，打败桑结嘉措，并将其处死，从而重新掌握了藏中政教大权。由于六世达赖喇嘛仓央嘉措为自己政敌桑结嘉措所拥立，年长后，又耽于酒色，放荡不羁，不守佛门清规。于是拉藏汗上书清政府，历数桑结嘉措叛逆经过，并提出要求，恳请清政府废黜仓央嘉措，批准由他寻认的波克塔胡必尔汗即伊希嘉措为达赖喇嘛。因为在噶尔丹叛乱时期，桑结嘉措曾经盗用达赖五世名义不遗余力地支持噶尔丹，因此，对于拉藏汗的这些请求，清政府全然批准。同时，为了表彰他的功绩，还特派护军统领席柱、学士舒兰前赴西藏，封他为"翊法恭顺汗"。被拉藏汗废黜的原六世达赖喇嘛仓央嘉措，也于康熙四十五年（1706 年）解往北京途中病死。

长期以来，在蒙藏广大民众心目中，达赖喇嘛是至高无上的宗教首领。因而，拉藏汗的废立活动，引起了广大僧俗人士普遍不满。他们纷纷上疏康熙皇帝，指责拉藏汗所立的伊希嘉措是假达赖喇嘛。康熙皇帝看到西藏事务复杂，拉藏汗一人难以处理，为了稳定形势，康熙四十八年（1709 年），康熙皇帝派侍郎赫寿驻扎西藏，监临达赖喇嘛并协助拉藏汗处理藏中各种事务。康熙五十一年（1712 年），康熙皇帝又册封另一黄教首领五世班禅罗桑意希为"班禅额尔德尼"，借以安定人心。尽管如此，康熙皇帝的这些努力并没有收到预期的成效。康熙四十九年（1710年）前后，以察罕丹津为首的青海各部台吉，在里塘（今四川理塘县）寻找了新的达赖喇嘛的转世灵童噶桑嘉措，并将之迎至西宁塔尔寺，要求康熙皇帝予以册封。虽然康熙皇帝未予批准，但是青海蒙古各部的这种做法却使局面更加复杂，同时也使拉藏汗处于极为被动、孤立的地位。

就在蒙藏僧俗贵族卷入真假达赖喇嘛之争而彼此攻讦之时，东进无路的策旺阿拉布坦却抓住机会，认为这是使他称霸青藏的好时机。于是，他一方面暗中与西藏喇嘛联络，煽动西藏百姓反对拉藏汗；一方面又表示愿意与拉藏汗联姻，希望将己女博托洛克配于拉藏汗长子噶尔丹丹衷为妻，以麻痹拉藏汗。最初，拉藏汗颇感疑惑，阻止其子前去成婚。但是，由于其子噶尔丹丹衷成婚心切，兼之以由于真假达赖之争也使拉藏汗在内政、外交中都极觉孤立，为了联络盟友，康熙五十三年（1714年），拉藏汗允许其子噶尔丹丹衷去伊犁完婚，从而钻进了策旺阿拉布坦布置的圈套。因为拉藏汗在政治上完全依靠清政府，因而康熙皇帝得知后，从关心的角度出发，对这一政治婚姻可能导致的后果十分担心。他对侍卫说，拉藏汗的一个儿子前往策旺阿拉布坦处娶亲，一个儿子又远在青海，在西藏仅剩下他一个人，实在是太危险了，即使中央政府全力帮助，在万一发生不测事件的时候，也会因路途相距遥远，救援不及。历史的进程完全证明了康熙皇帝预见的准确性。就在康熙皇帝说过这些话两年之后，康熙五十五年

（1716 年）十一月，策旺阿拉布坦以护送噶尔丹丹衷夫妇返回西藏为托词，出兵六千，由表弟大策凌敦多布率领，取道叶尔羌，越过天山，昼伏夜行，到康熙五十六年（1717 年）七月，经过十个来月的长途行军，这支军队突然出现在藏北高原之上。阿里总管康济鼐立即飞报拉藏汗。如果这时拉藏汗能立即调动军队，积极防御，尚不失为以逸待劳。但是，由于长期以来的麻痹情绪使他非但对严峻的现实视而不见，反而认为准噶尔军队是送子还藏而毫不戒备，甚至还率领眷属、部下到当雄避暑游玩，日事摆宴享乐，致使准噶尔军队顺利突破西藏边境防线，并迅速深入内地。直到这时，拉藏汗才慌了手脚，仓促调动驻守卫藏的军队到达木北部布防。然而一则因为时间仓促，临时调集之军队未经训练，不堪战阵；二则因为长期以来的蒙藏矛盾，不但蒙藏军队不能协同作战，而且各支军队内部也矛盾重重，离心离德，叛变时有发生，战斗力大为削弱，无法继续抵抗。十月间，不得不自达木退却，固守拉萨。为了保住最后这个阵地，拉藏汗一方面扩充军队，重新布署防务；一方面令人突出重围，向清政府乞援。然而，由于几个月来败报迭传，拉萨城内军民早已成了惊弓之鸟，根本无法抵抗准噶尔军队的进攻。而向清政府乞援，也是远水不救近火。十月下旬，准噶尔军队分四路包围了拉萨城。此时，原被拉藏汗杀害的第巴桑结嘉措部下许多喇嘛或者逾城出降，或者四处活动，造谣惑众，瓦解军队斗志。这样，十月三十日，大策凌敦多布下令发动总攻，仅用一夜时间，便攻克全城，拉藏汗被杀，西藏处于准噶尔军队的占领之下。

杀死拉藏汗之后，大策凌敦多布又乘势囚禁了拉藏汗拥立的达赖喇嘛伊希嘉措和班禅五世罗桑意希。同时，还发兵进攻前藏各地，继续在更大范围内烧杀抢掠，并组成了以达克咱为第巴的亲准噶尔政权，企图长期霸占西藏，进而窥视青海、四川和云南等地。准噶尔入侵军队的强盗行径，严重地伤害了西藏广大僧俗的切身利益。囚禁达赖、班禅的罪恶行为也激起了广大蒙藏民众的强烈愤慨，同时也严重地破坏了国内各民族的团结和全国政局的安定。为了维护国家的统一，康熙皇帝毅然调兵安藏，平定策旺阿拉布坦的叛乱。

由于路途遥远，清军信息不灵。康熙五十六年（1717年）七月，驻守巴里坤的靖逆将军富宁安才得知准噶尔军队入藏的确实消息，随即将之飞奏康熙皇帝。这时，康熙皇帝还不了解策旺阿拉布坦的真实意图。他估计准噶尔军队有可能是攻打拉藏汗，扩大控制领土；也有可能是帮助拉藏汗，进犯青海。为此，他令理藩院尚书赫寿致书拉藏汗，劝其警惕策旺阿拉布坦入侵，同时又警告其不得助策旺阿拉布坦侵扰青海，而后他又下诏调拨军队增戍成都、西安，同时，还令西陲戍边哨卡注意侦察，报告敌情。十月下旬，根据青海亲王罗卜藏丹津的奏报，康熙皇帝得知了大策凌敦多布侵犯西藏的确实消息。这时，他又诏令都统和礼前往云南，护军统领温普前往打箭炉，预为防备。诏令青海台吉等速行领兵防御，并诏令内大臣策旺诺尔布、将军额伦特、侍卫阿齐图统兵驻扎形胜之地，相机行事。

拉藏汗向清政府求救的奏疏在康熙五十七年（1718年）二月才到达康熙皇帝手中。至此，西藏情况大明。康熙皇帝决定立即出兵救援，并下诏暂停向准噶尔地区发动进攻，而由侍卫色楞率领八旗、绿营及土司军队二千余人征剿西藏。色楞得到进军诏令，即刻率军出发并于五月间到达青藏交界处之穆鲁斯乌苏。在不了解地理和敌情的情况下，继续前进，深入藏地。得知这一消息，康熙皇帝下令总督额伦特统率后续部队"作速进兵策应"。八月初，两军会合于西藏那曲，即刻陷入准噶尔军的包围之中。清军数次突围不成，力尽粮绝，终于当年九月中旬全军覆没，此次援藏之役失败。

援藏之役失败，康熙皇帝并未气馁，而是认真总结教训，积极准备，对盘踞西藏的策旺阿拉布坦叛军进行了更大规模的军事讨伐。有鉴前次褫轻兵冒进而导致失败的教训，康熙皇帝对军事进攻战略重新加以部署。首先，康熙五十七年（1718年）十月任皇十四子允禵为抚远大将军，率领京师八旗精锐开赴西宁，统一调度各路军队。在当年年底允禵自京启程时，康熙皇帝又特准其使用正黄旗旗纛，这就无异于向敌我双方宣布，此次出征相当于御驾亲征，从而增强了全国臣民和出征将士的必胜信心，对于策旺阿拉布坦和盘踞西藏的准噶尔军队，无疑也是一个巨大的心理压力。由于前线一切事务均由允禵亲自指挥，亲自向皇帝负责，兼之以允禵本人有勇有谋，治军有方，不长时间，军队战斗力大为提高。同时，也彻底扭转了前线将领之间因事权不一而彼此牵制、互相推诿的局面。其次，增加进剿部队，改前次一路进攻为三路进攻。其中，南路由四川进兵，进攻西藏。为此，他升四川巡抚年羹尧为四川总督，兼管军民，并调拨江宁、荆州驻防八旗军进驻成都，听候进藏命令。在此同时，为了扫清南路进军障碍，还先行派兵招抚原属藏地的里塘、巴塘两个重要据点。中路则以平逆将军延信率领，由青海直向藏北。两路之外，另以原来固守西部边陲之振武将军傅尔丹、靖逆将军富宁安等统率之军队为西路，俟南、中两路进藏之时，向准噶尔本土发动进攻，使其首尾不能相顾。再次，对于选择总攻击时间，康熙皇帝也改变了原先轻率出兵的做法，一直持慎重态度。一直到一年多以后，各项准备工作全然就绪，方才下令三路同时出师。在此同时，康熙皇帝还改变了原先单纯军事进攻的做法，非常注意发动政治攻势，争取蒙藏广大僧俗的同情和支持，孤立入侵叛军。有鉴拉藏汗拥立之达赖喇嘛伊希嘉措失去众望，而且处于策旺阿拉布坦的控制之下，因而，康熙五十八年（1719年）九月，康熙皇帝下诏将青海各部台吉寻找的达赖五世的转世灵童噶桑嘉措封为达赖喇嘛，给以册印。这一决定不但得到了广大蒙藏民众的热烈拥护，而且也使策旺阿拉布坦失去了军事抵抗和政治反击的任何理由。除此之外，有鉴于初次进藏失败而在广大臣民中投下的深深阴影，康熙皇帝还花了极大的精力鼓励民心士气。针对青海各部台吉不愿入藏作战的畏难心理，康熙皇帝反复谕示，必待大军入藏，始令噶桑嘉措"登达赖喇嘛之座"。同时，对于广大官员以为"藏地遥远，路途险恶，且有瘴气，不能遽至，宜固守边疆"的观点，康熙皇帝也反复加以训示，指出策旺阿拉布坦目前无理侵犯西藏，如果不予讨伐，势必要进一步侵犯云南、四川、青海、甘肃等内地，那时想固守边疆也是办不到的。同时，康熙皇帝还以清朝开国以来以及他亲自指挥的平定三藩、征剿噶尔丹等几次重大战役为例，说明怯敌不战，必然影响整个战局，只有敢打敢拼，不怕困难，才能夺取最后胜利。由于他的反复解释和鼓励，广大官员将士和青海蒙古各部台吉进一步了解了此次战役的意义，破除了畏难情绪，对于整个战役的胜利起了重要的作用。

康熙五十九年（1720 年）四月，经过一年多的准备，进藏战役拉开了序幕。南路、中路分别于成都和西宁同时出师；与此同时，北路靖逆将军富宁安、祁里德、阿喇衲也兵分三路，向准噶尔腹地发动攻势，短短十几天时间，清军即攻克吐鲁番，并一度到达乌鲁木齐。正在策旺阿拉布坦手忙脚乱地准备迎击之时，南、中两路数万大军也分别由四川和青海进入西藏。其中，南路军队一万人由定西将军噶什图统领。由于经过长期准备，兼之战前已经招抚了里塘、巴塘等重要据点，藏东乍丫、叉木多等地也闻风归顺，不战而降。因而，八月初，已经进抵藏东重镇拉里。八月初四日，这支军队又由拉里出发，直向拉萨。一路之上，连败叛军。包括大策凌敦多布所任命的第巴达克咱在内，先后前来投降。不过二十天光景，清军便进入拉萨。这时，噶什图等统兵将领传集西藏之大小第巴头目及各寺庙喇嘛聚集一处，宣布康熙皇帝派兵入藏拯救民生的旨意；封闭仓库，维持城内治安并于拉萨附近军事要地安营扎寨，以防准噶尔叛军逃窜。同时，还将与大策凌敦多布串通一气的一百多名喇嘛加以囚禁，并处死其中五名罪大恶极者，拉萨形势立即安定下来。与此同时，由平逆将军延信统率的中路大军一万二千人护送噶桑嘉措，进军途中也不断取得新胜利。由于该路是进藏正路，故而大策凌敦多布将主要兵力布置于此，以防清军进攻。这样，在中路南下途中，先后发生了三次大规模的战斗。八月十五日，清军师至扎卜克河地方，当夜敌军来犯，被清军击败。二十日，清军行至扎齐嫩敦尔地方，敌兵二千余人又于夜半前来劫营，清军严阵以待，敌兵见不能取胜，只好撤退。二十二日，师至扎缚马喇地方。当夜黎明时分，贼兵千余人又来劫营，清军立即予以反击，枪炮矢石齐发，贼兵伤者死者甚众，余贼皆望风而遁。三次大规模进攻被粉碎之后，眼见大势已去，大策凌敦多布率领残敌遁回伊犁。九月初八日，平逆将军延信率兵护送达赖六世噶桑嘉措自达木向拉萨进发，与噶什图会师。一路之上，广大僧俗无不欢欣鼓舞，鼓奏各种乐器，热烈欢迎大军进藏，并对康熙皇帝出师平叛表示深深的感谢。九月十五日，满汉大臣、蒙古各部首领，西藏黄教上层喇嘛、贵族齐集布达拉宫，为六世达赖喇嘛噶桑嘉措举行了隆重的坐床典礼，与此同时，则将拉藏汗所立之达赖喇嘛伊希嘉措解送北京。至此，出兵安藏之役取得了完全胜利。

康熙六十年（1721 年）二月，在平藏大军陆续撤还的同时，康熙皇帝决定，留驻满蒙八旗和绿营军队四千人常年戍防西藏，由策旺诺尔布署理定西将军印务，统辖驻藏部队，额驸阿宝、都统武格俱参赞军务。与此同时，他还着手组建西藏地方政府。由于在大军入藏过程中，空布地方第巴阿尔布巴首先投诚并随大军一起进剿，阿里地方第巴康济鼐与准噶尔为敌，准噶尔入藏，始终未降，准噶尔逃离时，又截其归路，故而授此两人为贝子；另一第巴隆布奈亲身归附，也被授予辅国公。康熙六十一年（1722 年）春，根据康熙皇帝旨意，于此三人之外，又加上达赖喇嘛的强佐（总管）扎尔鼐，皆为噶布伦（政务官员），而以康济鼐为首席噶布伦。这些部署，不但对于此后数十年西藏地方的安定起了重要的作用，而且也清除了长期以来青海和硕特蒙古对西藏事务的影响，改变了第巴（地方首领）独掌政权的局面，调动了西藏各地贵族的积极性。尤其值得重视的是，由于新政府官员皆由清朝中央政府直接任命，因而还使中央政府对西藏地方政府的控制进一步加强，为此后雍正、乾隆两帝相继经营西藏奠定了重要的基础。①

---

① 参见白新良等著：《康熙传》，岳麓书社 2015 年版，第 270—276 页。

第四章　发展经济　治理黄河

　　中国历代帝王，大多注重以政治、军事、思想谋略集中权力，征服对手，驾驭民众，对于和广大百姓生活息息相关的社会经济及治河与兴修水利等民生疾苦事，则一般重视不够，甚至漠不关心。康熙皇帝则不然，他在位期间，不但在政治上颇有作为，而且也为发展农业生产以及治理黄淮而殚精竭虑，甚至还一度开放矿禁、海禁，积极扶持工商业发展，投入巨大精力发展经济与治理社会，从而使社会经济在不长的时间内由凋敝而趋于繁荣，民众生活有了改善，康熙皇帝的经济民生政策，为清朝统治的巩固和康乾盛世的到来打下了坚实的基础。

一、鼓励垦荒，轻赋蠲赈

1. 奖励垦荒

中国长期以来是一个农业社会，农业是国民经济的基础，是国力强弱的标志，只有搞好农业，才能保持社会以及统治秩序的稳定。明末清初，经过几十年的战争，社会经济疲敝已极，在这种情况下，康熙皇帝充分认识到：必须恢复与发展农业生产，使民众的生活稳定下来，清政府的统治才能真正得到巩固。

康熙皇帝即位时，面临的经济形势十分严峻。从明末长期农民战争，到清兵入关，再加上顺治朝的战事，社会经济已经遭到严重的破坏。以土地面积而言，康熙皇帝即位之初，全国的耕地面积为五百四十九万三千五百七十六顷，即使加上官庄、屯田等，总面积也不过五百八十万顷。这个数字，比明代万历年间的耕地总面积减少了一百五十万顷。华北平原的富饶地区，如山东、河南、山西等省，经过战争的劫难十室九空，江南的鱼米之乡也是田地颇多荒芜。即使在关外的辽河流域，除了奉天、辽阳、海城之外，也到处是荒城废堡，断壁残垣。作为清政府所在地的直隶省，情况也不比其他地方好多少，田地荒芜，经济凋敝。由于清初的大量圈地，百姓通常是整村整村失去土地，失去家园，处在饥寒交迫、背井离乡的状态。康熙皇帝从其父顺治帝手中接过来的国库也是空空如也，不仅没有积蓄，而且入不敷出，缺饷四百万两。这样，恢复生产、发展经济的重任就落在了康熙皇帝的肩上。

清初的农民负担十分沉重。入关之初，清政府忙于各种军事行动，没有在广泛丈量土地和清查户籍的基础上确定赋役额数，而是直接按照明万历年间数额征收，总的数额不能说高。但经过战乱，人丁逃亡，土地荒芜，比如山东新泰县，顺治九年（1652年）统计有人丁四千七百五十八人，地亩一千五百五十五顷，而这里原来曾有人丁一万五千有奇，地亩五千二百九十顷有奇。承担赋役的土地和人丁大量减少，却按照原额缴纳地丁银和地税，人均负担十分沉重。顺治年间除恢复万历旧额赋以外，还把明末加派的"辽饷"纳入正额赋税。仅此一项，全国就增加田赋五百二十多万两。清初战事频繁，为解决军饷急需，将地方存留银大幅度起解中央。直隶各省原存白银共一千零六十九万余两，除了驿站、河夫、漕银四百一十四万两外，原实际存留六百五十五万余两。顺治年间经中央起解，地方存留只有三百三十八万余两。存留减少，必然导致地方政府向百姓加派，民众苦不堪言。

通过对历代王朝的兴衰治乱的借鉴与思考，康熙皇帝认识到："王政之本，在乎农桑。"[1]"农事关系兵饷，须积贮

---

① 《续修四库全书·子部·农家类》卷978，上海古籍出版社1996年版，第104页。

充足。"^①各朝各代的战乱与动荡都是由于百姓饥寒交迫引起的，因而，社会的安定，统治的巩固，都离不开农业这个基础。在这些认识的基础上，康熙皇帝形成了自己的重农思想。

在清初土地大量抛荒、流民成群的情况下，首先必须迅速地实现土地与劳动力的合理结合。对此，康熙皇帝采取了以下措施。

第一，将国家掌握的荒熟地分归臣民所有。

康熙八年（1669年），将近十七万顷明朝藩王的"荒熟田地……交与该督抚给与原种之人，令其耕种，照常征粮"^②。康熙十二年（1673年）下令"嗣后各省开垦荒地，俱再加宽限，通计十年方行起科"。^③为了奖励开荒，他曾动用正项钱粮给"无业之民"，"置立房屋，每户二间"，并给予"口粮、种籽、牛具，令其开垦，即给与本人，永远为业"。康熙皇帝毅然把这些圈占田地变为更名田，分给无地少地的农民。尽管对更名田的租赋要求至高，但让农民回到土地上，实现了自耕其地的愿望，而且苛重的赋税还在他们可以承担的限度之内，因而他们表现出较高的生产热情。

第二，禁止侵犯民人所有的土地。

康熙八年（1669年）六月，康熙皇帝严令户部："比年

---

① 《康熙起居注》，第1422页。
② 《清圣祖实录》卷28，康熙八年二月辛丑。
③ 《清圣祖实录》卷44，康熙十二年十一月庚午。

以来，复将民间房地圈给旗下，以致民生失业，衣食无资，流离困苦，深为可悯。自后圈占民间房地，永行停止。其今年所已圈者，悉令给还民间……旗人无地亦难资生……以古北等口边外空地拨给耕种。"①

康熙十八年（1679年）十月，康熙皇帝规定：奉天、锦州等处，旗下荒地很多，若百姓想开垦，旗下指为圈地，而档册未载，妄称圈地，从重治罪。

康熙二十三年（1684年）五月，康熙皇帝谕大学士说："田地为民恒产，已经给予者不便复取，其旗下大臣官员既有溢额之地，理宜注册。俟需用时再行拨给，民地不可轻动"。同月谕令户部："民间田地，久已有旨，永停圈占，其部存地亩，分拨时或不肖人员借端扰害百姓，圈占民人良田，以不堪地亩抵换，或地方豪强隐占存部良田，妄指民人地亩拨给，殊为可恶，直隶巡抚可严察此等情弊，指名纠参，从重治罪。"②

康熙二十四年（1685年）四月，康熙皇帝复谕大学士等曰："凡民间开垦田亩，若圈与旗下，恐致病民，嗣后永不许圈。如旗下有当拨给者，其以户部见，存旗下余田给之。"③对借端圈占民地，或逼民"换地"者"从重治罪"。④

第三，禁止掠人为奴。

①　《清圣祖实录》卷30，康熙八年六月戊寅。
②　《清圣祖实录》卷115，康熙二十三年五月甲申。
③　《清圣祖实录》卷120，康熙二十四年四月戊戌。
④　《清圣祖实录》卷25，康熙七年正月庚戌。

为了进一步调动农民的积极性，康熙皇帝在废除圈地的同时，又竭力禁止掠人为奴。康熙十六年（1677年），江西的清军"不恤人民，肆行侵掠"，被康熙皇帝下旨斥责。靖南王耿精忠属下被掠子女中，有浙江人、江西人各五百多，外官接连上疏要求释放或准予取赎。康熙十八年（1679年）七月，北京发生大地震，康熙为"实修人事，挽回天心"，宣布"招灾六事之谕"，告诫群臣，其中有一条是指责地方统率"掠占小民子女""财物"，并"借名通贼""将良民庐舍焚毁""名虽救民于水火，实则陷民于水火"①。规定凡如此害民的领兵将军应予革职，诸王贝勒交宗人府治罪，"其掳掠人口，仍给本家"②。康熙皇帝从禁止掠民为奴方面消除奴隶制残余，有利于清初社会经济的发展。

第四，放宽起科年限。

一般说来，已经抛荒的田地从开垦到达到正常的粮食产量，大多需经过两到三年，甚至更长的时间。农民费尽辛苦开垦出荒地以后，如果朝廷立即起科征税，农民所剩的钱粮就会很少，有的甚至入不敷出，大大地影响他们开荒的积极性。历朝历代的皇帝大多放宽起科的年限，提高农民的积极性，也昭示自己爱民的"圣意"。顺治年间，清朝政府就规定三年起科、六年起科。但当时清室刚刚入关，战事频繁，财

① 《清圣祖实录》卷82，康熙十八年七月壬戌。

② 《清圣祖实录》卷83，康熙十八年八月癸酉。

政十分拮据，经常随时随地颁布谕旨，加紧催缴各项钱粮，所以各项放宽起科的规定也就成了一纸空文。康熙时期，天下虽未最后大定，但总算安定一些，放宽起科年限的规定有了实现的前提。康熙元年（1662 年）三月，清政府允许河南南阳、汝阳两府领垦荒田一应杂差五年之后起派。康熙十年（1671 年）六月，康熙皇帝诏谕浙江温、衢、处三府投诚兵丁所开垦的荒田，比照山东、山西两省之例，三年之后再延期一年起科，即四年起科。第二年，又宽限到六年。康熙十二年（1673 年）十一月，康熙皇帝谕示户部官员今后各省开垦荒地，十年之后方行起科。在后来的"三藩之乱"期间，因为筹饷紧张，这些措施都没有得到很好的执行。"三藩之乱"平定之后，康熙皇帝重新规定了起科的年限。因为十年起科的时间太长，康熙十八年（1679 年），清政府宣布开垦的荒田实行六年起科。康熙二十二年（1683 年），在部分地区实行三年起科。台湾郑氏集团归顺之后，康熙皇帝下谕旨对回乡复业的福建、浙江等地沿海农民实行五年起科。如果个别地方十分困难，也可以推迟起科。为了使百姓切实得到推迟起科带来的好处，康熙皇帝多次诏禾，地方的督抚等不要急于清查垦荒的田亩数。因此，当时许多的田地实际上未予征科。

　　第五，官方给予物力支持，奖励垦荒。

　　康熙四年（1665 年）五月，清政府决定对湖广归州、巴东、长阳、兴山、房县、保康、竹溪、竹山等州县的流民酌情贷给耕牛和种子，听其开垦荒地。康熙六年（1667 年）

八月，清政府下令安顿驻扎在河南、山东、山西、江南、浙江等省南明投诚官兵开垦荒地，每人给土地五十亩，先预支当年的俸饷作为官方贷给的耕牛和种子之费。平定"三藩之乱"之后，官方贷给耕牛、种子的情况更多。康熙二十二年（1683 年）三月，河南巡抚王日藻提出开垦荒地的第一条措施就是把仓储中的积谷借给百姓用作为耕牛、种子之费。统一台湾之后，康熙皇帝开放海禁，决定对沿海复业的百姓实行此法，由官方贷给耕牛和种子，五年以后"纳还种本"。康熙三十二年（1693 年）十月，康熙皇帝下诏，陕西地区无论有地无地之民，一律给予耕牛、种子、银两，以为耕种之资。康熙四十三年（1704 年）十二月，天津总兵官蓝理奏请招募江南、福建等处无业之民开垦直隶沿海旷地及丰润、宝坻、天津等处洼地，康熙同意给予耕牛、种子。康熙五十三年（1714 年）十月，为了安插甘肃流民，康熙皇帝又诏令将荒地查出，无业之民给予口粮、种子、牛具等，令其开垦。正是有了朝廷的这些规定，百姓垦荒的积极性十分高涨，大量的荒芜土地被开垦出来。康熙后期全国的田亩总数实际上已经达到或超过明代万历初年的水平。农业生产和社会经济得到了迅速的恢复和发展。

2. 轻徭薄赋

康熙皇帝注意推行轻徭薄赋的政策，以减轻农民负担。在康熙初期连年不息的战争中，康熙皇帝轻徭薄赋的目标无法付诸实施，但他却反对各地地方官员"借端私征，重收火耗"、"恣意横索"。他提出："休养民力乃治道第一义，何利当兴，何弊当革，俱宜从实详酌举行。惟时当承平，而常若民生未遂，民困未苏，则地方自然受福。若谓地方已经宁谧，不复时加体恤，则所失多矣。至一切事务，本可速结者，自应速结。每见在外官员，故意迟延，致滋民累。尔宜申饬所属各官，实心任事，又在外官员行事，京师无不悉知"①，"从来与民休息，道在不扰。"康熙二十八年（1689 年），康熙皇帝又一再强调"民为邦本，休养宜先"。②

　　清朝统治者入关以后，很多的制度都是承袭明朝。清代的赋役制度也是如此，国家的主要收入"正赋"就是田赋和丁役。虽然当时清朝政府规定的"正赋"数额同以前相比并不是很高，但在当时的情况下，各级统治者在"正赋"之外又征收名目繁多的附加税，地方的豪绅也采取各种形式将赋役转嫁到百姓的头上，人们的负担仍然十分沉重，无法安定地生活、发展生产。顺治后期，清朝政府曾对赋役制度进行整顿改革，以明朝万历年间的赋役数额作为标准，编成《赋役全书》；又另立了鱼鳞册（丈量册）、黄册（户口册），征收赋税仍然沿用明代的"一条鞭法"。为了防止官吏地主作弊，清政府还向民户颁发了赋役数额通知单——"易知由单"，赋役分限完纳通知单——"截票"。另外，还设有"印簿""循环簿""粮

---

① 《清圣祖实录》卷 113，康熙二十二年十一月戊辰。
② 《清圣祖实录》卷 139，康熙二十八年二月戊午。

册""奏销册""赤力册""序册"。但这些名目繁多的册子办起来十分复杂，规定也未能得到认真执行，地方官吏豪绅反而变本加厉，钻政策的空子，大肆盘剥百姓。因此，康熙初年，清政府又下令推行"总征通解"，即将由州、县统一征收的地丁钱粮除了扣拨兵饷外，其余通解户部。康熙皇帝亲政以后认识到，如果不改革赋役制度，让全体百姓切实受益，那么百姓对朝廷就会丧失信心，甚至遭到百姓的敌视而无法坐稳江山。为此，他加大力度，继续整顿和改革赋役制度。

第一，停止刊刻"易知由单"。"易知由单"的实行开始于顺治六年（1649 年），是政府征收钱粮的数额通知单，上面开列上、中、下则，正、杂、本、折钱粮，最后注明总数。实行"易知由单"的目的，本来是提前通知民户应当缴纳的钱粮数，以免遭到不法官吏豪绅的欺骗。如果经手官吏擅自加派或把已经缴纳的当作未缴的，民户可以凭借"易知由单"和缴纳钱粮的收据进行告发。康熙初年，"易知由单"继续使用，但作弊的情况逐渐增多。直隶巡抚于成龙揭发，这一方法不但不能制止私派，反而成了加重私派的借口，百姓深受其苦，请求停止刊刻。康熙皇帝将这种情况诏令各省督抚进行讨论，巡抚们大多同意于成龙的建议。康熙二十七年（1688 年）九月，康熙皇帝决定除江苏以外，其他各省一律停止刊刻"易知由单"。

第二，重新编定《简明赋役全书》。自清室入主中原以来，全国的人口、土地数始终是不断变动的。到康熙二十四年（1685 年），清政府使用的还是顺治十四年（1657 年）编成的《赋役全书》，显然已经不再适合当时的情况。户部也上奏，要求改订赋役定额。三月，康熙皇帝决定重编《简明赋役全书》，只记载起运、存留、漕项、河工等主要项目。在此之前，政府的征收项目包括存留、起运、漕项、河工、均徭、里甲、土贡、雇募、加银等项，经过康熙皇帝的这次改革，百姓的负担大大减轻了。

第三，改革截票。截票上开列地丁钱粮的实数，按月分为十限，每个号完成十分之一，完成则截之。在截票中间，盖有印章，从印章中间分为两联。官府和百姓各执其一。康熙初年使用的还是顺治年间颁行的截票。但地方官吏为了贪污肥己，就挖空心思在截票上打起了主意。他们往往以核对为借口，将应该发给百姓的那一联留住，以完作欠，以多作少，百姓吃了不少苦头。为了杜绝这类事件的发生，康熙二十八年（1689 年），康熙皇帝下诏将二联票改为三联票，所有征收的钱粮各项都如数登记，一联存在州县，另一联交给差役应比，还有一联给纳户作为凭据。新方法还规定，纳税之官吏如果不如实地填写，或者不给百姓一联做凭据，百姓可以告发，地方官以监守自盗论处。

第四，创立滚单。虽然康熙皇帝制定的制度很严格，但在利益的驱使下，许多官吏仍然想方设法地私行科派，"软抬""硬驼"都是他们想出来的方法。所谓"软抬"，就是将官吏们的私派由阖邑通里共摊，"硬驼"就是由各里各甲轮流独当。为了杜绝这些弊端，康熙三十九年（1700 年），康熙皇帝实行滚单法。具体办法是，在每里之中，或五户或十户合制一单，列上名字，名字下面注明田地数、银米数以及春秋应按时缴纳数额。分为十限，发给甲首，按顺序滚催，自投封柜，一限之后，依次再催二限、三限、四限等等。停搁不完及不缴的严惩。滚单用保甲连坐法催收赋税，因而很有成效，同时，滚单比截票严密，防止了官吏私行派科，百姓都认为很好。

第五，均平里甲。这是康熙元年由江苏无锡知县吴兴祚创立的。他在清丈田亩的基础上，将本县中的田亩搭配均匀，总共有四百一十四图（里）。每图定额编田三千亩，每甲三百亩。不论豪绅还是普通百姓，一律编入里甲之中，按田亩数承担徭役，缴纳赋税。此后，各省纷纷仿效。如康熙十二年（1673 年），河南巡抚佟凤彩决定仿效实行。康熙十三年（1674 年），康熙皇帝见此法为人心所向，决定向全国推行。他诏谕各地根据州县田亩总数与里甲总数平均分配缴纳钱粮与徭役，不许地主多占田地却逃避徭役，使百姓受苦受累[①]。

3. 扶持工商业

除了对发展农业采取各种措施之外，康熙皇帝对工商业也比较重视。他在位期间，也采取措施扶持工商业，对工商业的发展、经济的繁荣做出了努力。

---

① 参见白新良等著：《康熙传》，岳麓书社 2015 年版，第 212—214 页。

经过几十年的农民战争和入关后的统一战争，康熙皇帝即位之时，工商业和其他行业一样也是凋蔽不堪。不仅有输纳之苦、过桥之苦、开江之苦、关津之苦、口岸之苦，而且，由于官吏的敲诈勒索，工商业者不苦于关，而苦于关外之关，不苦于税，而苦于税外之税。东南沿海的江阴，工商业曾十分繁荣，有十七万人口，在清军大屠杀之后，只剩下五十三人。丝织业发达的苏州情况也好不到哪里，城门紧闭，城中死者枕藉，机工零散，机户凋零，全然失去了以前的繁荣景象。棉织业的中心松江等处，布号纷纷歇业。全国的其他地区也大都如此，四川成都的织锦业凋敝，江西饶州的制瓷业一蹶不振。康熙皇帝采取多项措施，扶植与发展工商业：

第一，废除匠籍，给手工业者以人身自由。

匠籍是官府为手工业者专门设立的户籍。元朝把手工业者编为匠籍，子孙世袭其业，不得改行，使手工业者失去了人身自由。明代，手工业者的地位有所提高，在籍的工匠按照朝廷的规定每年定期服役以外，可以独立地经营自己的手工业，产品也可以自由出售。到明朝中期以后，匠籍制度又有变化，匠户向朝廷交纳班匠银，不再实行工匠轮班服役的制度，手工业者的人身自由有了进一步的提高。清朝初年，匠籍混乱，朝廷根本无法按匠籍征收班匠银。顺治二年（1645年），清政府宣布除豁直省匠籍，免征京班匠价，但顺治十五年（1658年）又恢复班匠银。康熙皇帝即位以后，将班匠银改入"一条鞭法"征收。令下之后，全国各地陆续将班匠银摊入地赋中征收，匠籍也就随之废除了。这个做法使手工业者对国家的人身依附关系进一步松弛，有利于手工业的发展。

第二，禁止官吏勒索，保护工商业者利益。

对工商业者来说，他们最头疼的是各级官吏的敲诈勒索。这些官吏为了一己之私，往往利用手中的权力，对工商业的经营者大肆勒索，影响工商业的发展。康熙皇帝制定政策的一些良好愿望在这些官吏的执行中得不到实现，要让工商业得到发展，必须惩治这些腐败官吏。为此，康熙皇帝陆续颁布了一系列的法令，保护工商业者不受他们的盘剥。康熙皇帝勒石于桥，禁止关津口岸杂税；取消官吏征税超额给予加级奖励的规定，各项税课照常额征收；禁止官吏扰害行户，以此作为整饬吏治好坏的一条标准。康熙皇帝还禁止官吏借商船运兵作战，而允许漕船捎带商人货物，停止各地的房号银；官吏扰害商人的，允许商人告发，并提倡官吏互相参劾。康熙一朝，许多官吏因扰害工商业者而被治罪。康熙六年（1667 年），安徽滁州全椒知县因为克扣杂货铺、布铺、酒铺、猪肉铺等铺户的银两共五十九两七分而被发配宁古塔。康熙四十二年（1703 年），山西河东盐院承差因诈害商人而被参劾革职。

第三，一定程度上取消贸易和生产限制。

在古代社会，盐、铁、茶等行业因为关系到国计民生，大多由官方垄断经营。康熙皇帝则在一定程度上取消了盐、茶的限制，允许一定数量的私贩煎煮，以致当时贩卖私盐、私茶的小贩千百成群，公然开店。在云南、贵州等省，康熙皇帝还允许商人贩卖铅、硝、硫磺等。统一台湾以后，康熙皇帝甚至允许商人带火药、兵器出洋。对于纺织业，康熙皇帝取消了机户不得拥有百张以上织机的禁令，同意有能力的人扩大生产规模，等等。

第四，统一度量衡，创造通商条件。

康熙二十三年（1684年），康熙皇帝下谕旨统一制钱的重量，规定每钱重一钱，每一千钱（称一贯或一串、一吊）值银一两。康熙四十三年（1704年），康熙皇帝诏令废除盛京金石、金斗、关东斗，各省一律用底面平准的升斗。康熙五十八年（1719年），他诏令秤以十六两为一斤，升以十三号砝码为准。康熙皇帝统一度量衡，使全国的标准一致，有力地促进了全国商业的繁荣。①

康熙皇帝所采取的一系列重农恤商的政策，促进了清初社会经济的恢复和发展。耕地面积大幅度增加，康熙二十五年（1686年），耕地面积达到五百九十万顷；康熙五十年（1711年），达到六百九十三万顷；到了康熙六十一年（1722年），更达到了八百五十一万顷。优良品种和科学种田的推广，使粮食产量也大大地提高。全国的工商业趋于繁荣。不仅出现了一批新兴的工商业城市，而且使工商业市镇由长江中下游地区和沿海地区扩展到全国各地，全国成为一个巨大的市场。

---

① 参见白新良等著：《康熙传》，岳麓书社2015年版，第215—216页。

正是有了康熙朝的基础，才使清朝的国力不断上升，促成了康乾盛世的局面。

二、治理河运，兴修水利

清朝初年，由于连年战争，河道失修，黄河泛滥愈趋严重，不但严重地破坏了黄河下游地区经济的发展，影响了国家赋役的征收，而且，大量饥民四处流徙，也严重地影响了清朝统治的稳定。同时，由于河、运相连，一旦黄河发生灾情，也使京师八旗赖以为生的漕粮难以北上。面对这一严重局面，治理黄河势在必行。为此，康熙皇帝在位期间，投入了大量的人力物力治理黄河。经过他的积极努力，终于使黄河出现了四十年安澜的局面。

康熙皇帝治理黄河大致可分为四个阶段。由康熙元年（1661 年）到康熙十五年为准备阶段。这一阶段因为天下初定，战事频繁，治理黄河主要是筹划准备及小规模的治理。康熙十六年（1677 年）到康熙三十一年（1692 年），是康熙皇帝任命靳辅治河并取得了很大成绩的阶段。第三阶段由康熙三十二年（1693 年）到康熙三十九年（1700 年），这一时期，河道总督更替频繁但皆无治理黄河才能，黄河治理成效不大。康熙三十九年（1700 年）后张鹏翮任河道总督，他本人治河经验不多，但能贯彻康熙皇帝的指示，实际上是康熙皇帝本人治理黄河并取得成效的阶段。

清初，黄河治理承袭明制，设立河道总督，掌治河道，但因措施不力，水患仍旧十分严重。据统计，顺治朝十八年间，黄河决口二十次，康熙元年到十五年间，又决口四十五次。淮扬地区的高邮、江都、山阴、盐城、宝应、泰州、兴化等七州县受灾最重。这一地区是运河必经要道，与黄河相交，淮河也在此处汇合黄河入海。如果黄淮水势持平，尚可相安无事。但黄河聚集众流，力大而势强，淮河势弱，淮不敌黄，经常发生黄水倒灌，甚至黄淮一起涌进运河，冲决堤坝，泛滥成灾。康熙元年（1662年），开封黄练口决堤，祥符等七县田禾尽被淹没。康熙六年（1667年），桃源决口，沿河州县皆受灾，高邮县积水高达二丈，城门堵塞，百姓溺死无数。

面对水患，康熙皇帝十分焦急。每当发生水灾，康熙皇帝就命人巡视河工，及时掌握情况，学习古人治河经验，采取对策。但清初财政拮据，清政府拿不出大量经费进行综合治理。康熙六年（1667年）七月，黄河泛滥，河道、运道又遭破坏。康熙七年（1668年）十二月，康熙皇帝批准在黄河北岸挑挖引河，分引黄河之水，力图解决黄河倒灌问题。康熙十一年（1672年）六月，康熙皇帝诏令工部会同河道总督、漕运总督共同商议治理清口事宜，以防水患。康熙十二年（1673年）十月，康熙皇帝批准工部议复河道总督王光裕奏疏，令在清口筑坝，以遏制浊流，并在水势平缓的七里墩建闸，挑浚新河，以保证漕运。但同年底，"三藩之乱"爆发，康熙皇帝不得不把全部人力、物力集中到平叛战争中，治河之事暂时中断。康熙十五年（1676年）夏，黄河下游阴雨连绵，黄河水势大涨，河水倒灌，高家堰决口三十四处，漕堤崩溃，高邮清水潭、陆漫沟大泽湾决堤三百余丈，扬州府所属州县皆被水。除此之外，黄河在其他各处多次出现决口，百姓的生命财产受到很大损失。国家的财政、漕运也因此受到重大影响。

康熙十五年（1676年）十月，康熙皇帝诏令工部尚书冀如锡、户部侍郎伊桑阿前往省视。临行前，康熙皇帝谕示两人将河上利害情形体勘详明，各处堤岸应如何修筑，务为一劳永逸之计。"务为一劳永逸之计"的提出，反映了康熙皇帝准备全面治理河运的决心。后两人向康熙皇帝参奏河道总督王光裕贻误河工，极不称职。康熙皇帝又委派吏部侍郎折尔肯、副都御史金儒去察审得实，康熙十六年（1677年）二月，将王光裕革职。同月，经吏部尚书明珠推荐，安徽巡抚靳辅升任为河道总督。从此，清政府对黄河的治理进入了一个新的阶段。

靳辅，字紫垣，汉军镶黄旗人。顺治九年（1652年），以官学生考授国史馆编修。顺治十五年（1658年），改内阁中书，迁兵部员外郎。康熙初年，自郎中四迁至内阁学士。康熙十年（1671年），授安徽巡抚，任上实心任事，康熙十五年（1676年），加兵部尚书衔。康熙十六年（1677年）升任为河道总督。接受任命以后，当年四月初五日，他即抵达宿迁，初六日开印就任，初七日即前往淮扬灾区进行勘察工作。

他遍历河干，广咨博询，实地考察。无论绅士、兵民还是工匠、夫役，凡有一言可取，一事可行者，莫不虚心采用，以期得当。在两个月的实际考察中，他主张继承明代河臣潘季训"筑堤束水，以水攻沙"的理论并结合实际灵活运用。他批驳以往只知保漕运，不求治黄的错误做法，提出了统筹全局，"将河道运道一体，彻首尾而合治之"的方针，将治河应行事宜一日而八疏并上，即《经理河工八疏》。《经理河工八疏》提出了全面治理黄河、淮河、运河的具体方案：一是挑清江浦以下经云梯关到入海口一带河身之土，以所挑之土加固两岸大堤，即用筑堤束水刷沙法治下游，引导黄、淮入海；二是高家堰西至清口长约二十里之地，为黄、淮汇合之所，已被沙土淤为平陆，只有一条小河，地方，各挑引水河一道，使其分头冲刷，靳辅设计在小河两旁二十丈远的引淮刷黄；三是培修七里墩、武家墩、高家堰、高良涧到周桥闸等临洪泽湖的残缺堤岸，构筑坦坡，坦坡是靳辅的一项发明，他认为坦坡虽遇大水而不致冲塌，能缓和水势；四是筑古沟、翟家坝一带的堤工堵塞黄、淮各处决口；五是闭通济闸坝，深挑运河，堵塞清水潭等处决口，以通漕运。靳辅还提出了三项保证治河的措施：其一是因治河所需银二百一十四万八千余两，预征康熙二十年各地钱粮的十分之一，工成后补还；其二是裁并河工冗员，以调贤员，严明职守；其三是请设巡河官兵五千八百六十名，配置浚船二百九十六只，以便维修和保护堤坝。

　　《经理河工八疏》奏报到朝廷后，遭到议政王大臣等的反对。康熙十六年（1677年）七月十九日，议政王大臣等遵旨会议回奏。他们认为，这个方案需银太多，且动用丁夫数量很大。第一项工程需十二万三千人，加上其他各处，每日需二十万人，易生事端，故建议将紧要之处酌量修筑，俟后再加修治。康熙皇帝不同意他们的意见，诏谕靳辅继续论证。靳辅反复筹划，再三勘阅，再上《敬陈经理河工八疏》，对前一方案进行了部分调整和修改。挑浚黄河丁夫，由独轮车代替，工期由二百日延长到四百日，每天所需丁夫数可减少到三万人。清江浦以下经云梯关至入海口挑浚黄河工程，于原定遥堤内加筑缕堤和格堤，以缕堤束水，以遥堤、格堤防冲决。以同样方法修筑清江浦以上至黄河两岸之堤。其他各项工程维持原方案。靳辅的治河方案符合康熙皇帝"务为一劳永逸"、全面治理的指导思想，因而得到康熙皇帝的大力支持。康熙十七年（1679年）正月，康熙皇帝批准实行；二月，决定拨给正项钱粮二百五十余万两，限期三年告竣。

　　在康熙皇帝的支持下，靳辅的治河方案开始实施。三年间各工并举，疏通黄河下游河道，使淤塞的入海口开始通流；封闭原新庄闸运口，另辟七里闸为运口，使运河与黄河的汇合之处远离黄淮汇合处；尽塞高家堰决口，自清口至周桥九十里长旧堤加高加厚，并新筑周桥至翟坝堤二十五里，留减水坝六处；在清水潭地势低洼的地区，避深就浅，于决口上退离五六十文为偃月形，抱决口两端而筑之；筑西堤九百二十一丈，东堤六百零五丈，挑绕西越河一道长八百四十丈，七州县田亩尽行涸出，运艘、民船"永可安澜"。康熙皇帝见奏十分高兴，赐新河名永安河；于骆马湖旁另开一条运河名皂河，长四十里，上接伽河，下通黄河，以利运输等等。到康熙二十二年（1683年）四月，靳辅主持的工程基本完工，河归故道。

靳辅虽然取得很大成绩，但这中间也困难重重。康熙十八年（1679年）十月，靳辅请开皂河时，左都御史魏象枢就表示反对。康熙二十一年（1682年）正月，杨家主决口，抢修月余，始得堵塞。徐家湾又漫决百余丈，三月中旬方修好。靳辅奏请钦差视察河工，奏疏刚入，肖家渡民堤决口九十余丈。同年五月，康熙皇帝准备派人勘阅河工，尚未出发，候补布政使崔维雅上疏《河防刍议》《两河治略》，条议二十四款，请尽变靳辅前法。康熙皇帝命户部尚书伊桑阿、左副都御史宋文运带崔维雅会同靳辅确议具奏。伊桑阿等巡视河工后，以崔维雅二十四条质问靳辅，靳辅有理有据，逐条回答、批驳，伊桑阿等感觉到若照崔维雅所议另行修筑，未必能成功。他们向康熙皇帝上奏说靳辅所修工程，多有不坚固、不合适之处，与一劳永逸之言大不相等，也将崔维雅、靳辅争论的焦点报告康熙皇帝。靳辅反复申辩，说决口来年肯定能堵塞。康熙皇帝也十分矛盾，将此事交九卿科道等讨论，有人建议将靳辅等人尽行革职。最后康熙皇帝决定，靳辅仍革职（原来已经革职），戴罪督修，限期将肖家渡决口堵塞。河工关系重大，所需钱粮甚多，仍准动用钱粮。靳辅的工程，终于又得以进行。康熙二十二年（1683年）七月，工程次第告成，十二月，恢复靳辅河道总督衔。康熙二十三年（1684年）七月，奉差广东内阁学士席柱回奏说，靳辅颜色憔悴，河道颇好，漕运无阻，康熙皇帝十分感慨："使轻易他人，必至贻悔矣。"

康熙二十三年（1684年）九月二十八日至十月十七日，康熙皇帝巡幸山东，靳辅来拜。康熙皇帝以黄河屡岁冲决，久为民害，欲亲至其地，相度形势，察视河工。他沿黄河、运河视察，对靳辅取得的成绩给予肯定，同时也发现了一些问题。如康熙皇帝担心宿迁、桃源、清河等地的减水坝，倘遇河水泛滥，"安保今日减水坝不为他年之决口乎？"而且水流浸灌，多坏民田，命靳辅精细筹划。康熙皇帝此次南巡，最远到达苏州、江宁。他登岸亲视武家墩、高家堰、洪泽湖等地，对河工要害，皆详细咨询。在实际考察中，康熙皇帝看到了百姓的疾苦，也认识到高家堰、开浚下河入海口的重要意义。十一月十三日，康熙皇帝阅河堤完毕，作《阅河堤诗》："防河纡旰食，六御出深宫。缓辔求氏隐，临流叹俗穷。何年乐稼穑，此日是疏通。已著勤劳意，安澜早奏功。"他召见靳辅，肯定治河成就并给予鼓励，将亲书《阅河堤诗》赐予靳辅。

下游治河取得成效之后，靳辅决定将治理的重点向中游转移，他认为河南有失，则江南河道会淤塞。康熙二十四年至二十七年，在靳辅主持下修筑河南考城、仪封、封丘、荥阳等各处河堤，开凿睢宁南岸龙虎山减水闸四座，开辟中河，尤其是中河意义重大。原来漕运船只出清口入黄河，行二百里才抵张庄运口。靳辅在清河县仲家庄建闸，漕船可自宿迁、桃源、清河三县黄河北岸，由仲家庄闸进入新开辟的中河，经原来开辟的皂河，过洳河北上，避开黄河一百八十里险段，使漕运畅通。从此，商贾船行不绝。

就在靳辅准备进一步治理黄河的时候，清政府内部爆发了一场关于疏浚下河问题的争论。康熙皇帝第一次南巡于康熙二十三年（1684 年）十一月返京，因见高邮一带民房、田地尽没水中，准备开浚下河入海，排出积水。按察使于成龙主张开浚故道，靳辅等则主张筑堤束水以注海，在高邮等七州县下河地区建高一丈五尺、束水一丈的长堤，以敌海潮。靳辅的主张是有根据的，因为下河地形尚低于沿海之地。朝中以明珠为首的九卿大臣都倾向靳辅，康熙皇帝派出实地勘察的官员也上疏题请停止疏浚下河工程。在后来的多次争论中，靳辅始终坚持自己的观点，这样，因为君臣治河方略相矛盾，康熙二十七年（1688 年）三月二十四日，康熙皇帝革靳辅河道总督之职，改任王新命为河道总督。

靳辅被革职后，朝野掀起否定靳辅之风，河工遭到破坏，漕运也受到影响。康熙二十七年（1688 年）四月初二日，康熙皇帝派学士凯音布、侍卫马武等去考察靳辅革职前完成的中河工程，以图弄清事实真相。经过调查发现，实际情况与于成龙所说"无所裨益"正好相反。康熙皇帝肯定了靳辅的功绩："若谓靳辅治河全无裨益，非独靳辅不服，朕亦不惬于心矣。"他认为于成龙在直隶爱民缉盗，居官颇优，但怀挟私仇，阻挠河务，殊为不合。康熙皇帝又命兵部尚书张玉书、刑部尚书图纳、左都御史马齐等考察靳辅主持的工程。他们回奏都肯定靳辅的成绩，也提出对中河的修改意见，靳辅表示异议。九卿不敢做主，请康熙皇帝再次巡视河工，以折服众论。

康熙二十八年（1689年）正月初八日，康熙皇帝二次南巡，命靳辅、于成龙随行，三月十九日回京，重点是视察中河工程、下河工程和七里闸、太平闸、高家堰一带的堤岸及闸坝。经过这次商巡实地考察，康熙皇帝对靳辅有了新的认识，也改变了自己对治河的一些看法。三月二十一日，康熙皇帝在御门听政时指出，南巡考察河工，黄、淮诸处百姓及行船夫役，俱称颂原任总河靳辅，感念不忘。且见靳辅疏理河道及修筑上河一带堤岸，于河工颇有成效，实心任事，克著勤劳。康熙皇帝还承认前此处理错误，恢复其从前职衔。从此凡是河工方面的问题，都要向靳辅咨询，靳辅也十分谦虚，康熙皇帝十分满意。

康熙二十九、三十两年淫雨不绝，黄河险情不断，康熙三十一年（1692年），有人揭发王新命勒索库银。康熙皇帝将王新命解任，由靳辅复任河道总督。但靳辅因多年积劳成疾，复任后又感恩图报过度操劳，十一月，病逝于任上。靳辅临终前，上疏陈两河善后之策及河工守成事宜几万言。康熙皇帝十分重视。

靳辅去世之后，康熙皇帝任命于成龙接任河道总督。于成龙按照靳辅的治河经验和思路，对河运做了小规模的兴修。康熙三十四年（1695年），于成龙因父丧守制，康熙皇帝命漕运总督董安国继任河道总督。董安国凡事俱委下人，不亲自巡视河工。康熙三十五年（1696年），在云梯关附近居然筑起拦黄大坝，另挑马家港引河，导黄河于小河口入海，使下流不畅，上流淤塞。康熙三十七年（1698年）十一月，康熙皇帝任命于成龙为河道总督，撤换董安国。这时，对噶尔丹的战争已经取得胜利，康熙皇帝开始把工作重点转向治理黄河。

通过认真研究靳辅经验和总结自己的实践，康熙皇帝逐渐形成新的认识："上流自理，则下流自治"，关键是解决黄河水倒灌问题。而这一问题解决的办法是抬高洪泽湖水位，降低黄河水位，使集中于洪泽湖的淮河水三分入运河，七分入黄河，"运道始安"。康熙三十八年（1699年）二月到五月，康熙皇帝第三次南巡，对治河工作做出具体部署。首先，要深浚河底。康熙皇帝在此次巡视中发现黄河水位高于洪泽湖，以致河水倒灌，泛滥成灾。他还总结出黄河的缺点是底高、湾多。通过调查康熙皇帝又了解到，河直则流自急，流急则沙自刷而河自深，提出于清口西，数曲湾处试行浚直。其次，改修清口。康熙皇帝发现，黄、淮汇合之处过于径直，也是引起黄河水倒灌的原因。他主张将黄、淮之堤各迤东弯曲拓筑，使之斜行汇流，则黄河水不致倒灌。康熙皇帝在回京途中经过清口，亲自打下一根木桩，令由此向东修挑水坝二三十丈。再次，拆除董安国修筑的拦黄大坝，保证黄河下流的畅通。最后，引水归长江。康熙皇帝主张将高邮一带的湖水、河水俱由芒稻河、人字河引出归入长江。各河之水既不归下河，"则下河自可不必挑浚矣"。康熙皇帝的这些治河思想在吸收靳辅的思想和经验外，又有了新的补充和发展。靳辅治河，但顾上河，不顾下河，经常使下河七县被水。康熙皇帝提出浚直河道急流刷沙法，治理下河积水，解决清口一带的水患，保证漕运，也保护了民生，这些方法都已经超过了靳辅之法。但这些好的措施由于于成龙的病情加重而未能认真落实。康熙三十九年（1700年）三月，于成龙病故，康熙皇帝以江南江西总督张鹏翮调任河道总督，从此，康熙朝对黄河的治理又进入一个新阶段。

张鹏翮，字运青，四川遂宁人，是康熙皇帝一手提拔起来的官员，他治河经验不多，却能认真执行康熙皇帝的指示，加之勤奋，所以治河取得成功。康熙三十九年（1700年）三月十四日殿辞时，康熙皇帝再三叮嘱按照他部署的方法治河。张鹏翮也提出三项要求：撤协理河务徐廷玺以专总河之任；撤河工随带人员，以免靡费帑银；请敕部臣，勿以不应查驳事从中阻挠。康熙皇帝大力支持，将河工经费直接拨给河道总督，使工部无法勒索、掣肘。

张鹏翮到任后，严格按照康熙皇帝的指示治河。他拆除拦黄大坝，挑浚黄河河身，与上游宽深相同，河水滔滔入海，沛然莫御。在张福口开引河，引淮河水入运河以敌黄，建闸以时启闭；疏浚芒稻等河入长江；开浚引河、运口，培修河岸堤坝；在归仁堤五堡建矶心石闸，于三义坝旧中河筑堤，改入新中河；在高家堰一带增筑月堤，及旁近诸堤坝；加筑清河县黄河南北岸戗堤，天妃闸改筑运口，草坝建石坝，改卞家庄土堤为石堤；加筑桃源县卫城月堤，于邵家庄、颜家庄开引河等等。这些工程到康熙四十一年（1702年）基本完成，在当年的抗汛中发挥了重要作用。

康熙四十二年（1703年）正月十六日至三月十五日，康熙皇帝进行第四次南巡，检查张鹏翮治理黄淮的工程。检验结果，除了在微小的地方做了调整和补充外，一般都比较满意。为奖励张鹏翮的治河功绩，康熙皇帝赐其御作《河臣箴》《览淮黄成》两诗。诗中写道："殷勤久矣理淮黄，几度风尘授治方。九曲素称天下险，四来实为兆民伤。使清引浊须勤慎，分势开疏在不荒。虽奏安澜宽盱食，诚前善后奠金汤。"赐张鹏翮父"神清养志松龄"匾额。三月十八日，康熙皇帝五十寿诞，他以"四海奠安，生民富庶，而河工适又告成"颁诏天下，兴奋之情可见一斑。

康熙四十四年（1705年）二月初九日到闰四月二十八日，康熙皇帝进行第五次南巡，考察中河南口改建的问题，筹划善后事宜。康熙皇帝以实事求是的态度看问题，认为善后方略更为紧要。对于黄水倒灌问题，康熙皇帝认为黄河水暴涨暴落，偶然发生倒灌是正常的，不能以此判定治河的失败，应防患于未然，积极采取对策。

　　张鹏翮与两江总督阿山、漕运总督桑额为防治洪泽湖水侵入泗州、盱眙，计划在泗州之西开河溜淮套别开河道，直达张福口，以分淮势，保高家堰险堤。张鹏翮等不敢做主，请康熙皇帝钦定。康熙四十六年（1707年）正月二十二日至五月二十二日，康熙皇帝第六次南巡。他在工地见溜淮套地势甚高，虽开凿成河亦不能直达清口，与张鹏翮等先前呈献的地图迥然不同，而且所立标杆，多有在坟上者。若依所立标杆开河，不独毁民田庐，甚至毁民坟冢。康熙皇帝大加斥责，并谕示，与其开溜淮套无益之河，不若将洪泽湖出水之处再行挑浚，令其宽深，使清水愈加流畅。百姓闻知此消息，群情欢悦，不胜鼓舞感激。

　　由于靳辅治理和康熙皇帝亲理，黄河治理卓有成效。康熙十六年（1677年）以后，黄河决口的次数锐减。康熙四十二年（1703年）二月，康熙皇帝对大臣们说："初次到江南时，船在黄河，两岸人烟树木皆一一在望。三十八年则仅见河岸。四十二年则去河岸甚低，是河身日刷深矣……下河连年大熟，亦前所未有也。"①康熙年间对黄河的治理取得如此的成效，与康熙皇帝的重视有着密不可分的关系。首先，他始终将治河当作国家大事来抓。不但重视前人的书本知识，他还六次南巡，亲自到实地去考察，向普通的百姓请教。对于自己的

————————

　　① 《四库提要著录丛书》编纂委员会编：《四库提要著录丛书》吏部227，北京出版社2010年版，第408页。

错误，康熙皇帝也能以实事求是的态度承认并改正。他以科学的态度制定出正确的方案。对于工程所需的经费，他毫不吝啬，给予大力支持。其次，康熙皇帝用人得当。开始，他起用了实心任事的靳辅担任河道总督。靳辅之后，康熙皇帝选用了于成龙和张鹏翮为河道总督。他们虽然没有治河经验却能贯彻康熙皇帝的治河意图。尤其是张鹏翮，坝工筑成，黄河水直趋陶庄，淮河水因以直出。屡经伏秋大水，并无倒灌之事。其挑浚张福口等引河，筑归仁堤，疏人字、芒稻、泾涧等河，开大通口，皆遵康熙皇帝指示，一一告竣。①

康熙年间，各地的中小型水利建设也颇具规模。它们除防洪通航外，多直接与农田灌溉有关。另外也有围海、围湖和围江河以造田地的。其中稍具规模的有：

第一，修治永定河。

永定河原名无定河，发源于山西太原天池，汇集众流，走直隶，经怀来入宛平，经卢师台下，始名卢沟河。无定河因经大同合浑水，所以又称浑河。此河虽小，但水急、泥沙、淤垫等颇似黄河，《元史》称其为"小黄河"。此河纵横荡漾，迁徙无常，为害颇巨。无定河经常溃决改道，但历代重视不够。康熙初年，因为"三藩之乱"、漕运、黄河水患等事，康熙皇帝没有精力治理无定河。三藩平定，靳辅治河也取得重大进展，康熙皇帝开始治理。康熙三十一年（1692年），康

---

① 参见白新良等著：《康熙传》，岳麓书社2015年版，第216—224页。

熙皇帝以无定河河道渐次北移，永清、霸州、固安、文安时常被灾，采用直隶巡抚郭世隆的建议，疏浚无定河永清东北的故道，使其"顺流归淀"。为全面治理无定河，康熙皇帝任命当时河道总督于成龙兼直隶巡抚。于成龙筑疏兼施，疏浚河道一百四十五里，筑南北堤岸一百八十里，使浑水改注东北。康熙皇帝十分高兴，赐无定河名为永定河。

第二，治理太湖，疏浚三江。

太湖位于江浙两省交界处，邻湖的苏松常镇和杭嘉湖等府，是当时全国农业生产率最高、经济最发达的地区。这里河道纵横，其水大抵汇入太湖，另外亦有通过刘家（亦称浏家河或娄河）、吴淞、黄浦三条河流，即所谓三江而流归大海。

从康熙十年（1671 年）起，清政府决定疏浚刘家和吴淞二江的入海通道。工程一直进行了两年，到康熙十二年（1673 年）初才告完成。合计此次疏治，共浚河道一万五千六百余丈，修筑大小坝五十二条，又在浏河口天妃宫地方和吴淞、黄浦二江交接处，各建大闸一座。雇募的民夫有二百三十一万五千三百二十六人，费银十三万两千八百六十二两，是江南地区一次较大的水利工程。

第三，两湖、赣北等地的筑堤拦水。

两湖地区河湖星布，地势低下，往往春夏水发，洪波无际；秋冬水枯，则为万顷平原。所以很早以来，沿江沿湖居民，多筑堤拦水，以保田庐。明清之际的天灾人祸，使百姓散亡，田地抛荒，现存的堤坝也大多坍塌倾圮。康熙中期后，随着百姓复业，各地的堤围也逐渐得到修复，到康熙晚年，江汉平原的汉阳、武昌以及荆州等府的一些州县，巩堤围田，已达到或超过明代的水平。湖南的恢复稍慢于湖北，但沿洞庭湖区，也出现了不少围田，像湘阴县从康熙二十八年（1689年）开始新修堤坝，到五十三年（1714年）止，共筑堤两万九千七百零九丈，垦田三万一千四百八十九亩，大大超出已往的规模。其他像益阳县筑堤两万两千五百余丈，长沙县筑堤六千八百余丈，也颇为可观。

第四，其他水利工程。

除上面谈到的工程外，康熙年间各地的水利建设几乎年年都有。比如康熙元年（1662年）四川夹江县重修龙门堰；二年（1663年）安徽和州（今和县）修铜城堰；山西交城县兴筑瓦河堤防；三年（1664年）修江苏嘉定楠木堰；九年（1670年）陕西郿县（今眉县）修金渠、宁蓝水利；十二年（1673年）陕西城固县筑五门堰，又在河南安阳县修万金渠，引洹水溉田；二十三年（1684年）修安徽五河县南湖堤坝，于云南昆明城郊修复昆明湖及金汁河堤坝闸堰；二十七年（1688年）再筑安徽徽州鱼梁坝；三十八年（1699年）疏通直隶滹沱河、漳河，由山东馆陶入老漳河，于单家桥与其支流相汇，用以分散子牙河水势；四十三年（1704年），试垦天津附近一万多亩荒地为水田；四十五年（1706年）修复被山水冲决的四川都江堰堤坝；计定照田派夫岁修制；四十七年（1708年），修建甘肃宁夏府大清渠七十二里，大小陡口一百二十九道，灌溉田地十余万亩；四十八年（1709年），挑浚河南郑州贾鲁河故道，于通黄河处筑坝建闸，以方便舟楫；五十三年（1714年），整治广西桂林至梧州府江河道，方便水陆交通。另外，在康熙四十到五十年代中期，在台湾也先后兴建了不少水利设施。①

总的说来，康熙时期水利兴建，一般是南方多于北方，后期多于前期，特别是一些中小型工程，基本上属于恢复重建的性质，新建、扩建较为少见。这也说明康熙一代的经济水平，多半处于复苏或发展的准备阶段。康熙皇帝把治河放到一个治理国家的新高度，并坚持几十年如一日。他因时因地制宜，大胆创新，百折不挠，获得巨大成功，这在历代的君主中都是没有的。治河过程中，他也时刻考虑到百姓的利益，尽量不淹没百姓的田宅。正是有了兴修的水利做保证，全国的农业才得以发展，水运得以通畅，经济得以增长，从而为清代康乾盛世的到来奠定了扎实的经济基础。

---

① 参见《清代全史》（第3卷），方志出版社2007年版，第91—97页。

第五章　尊孔重儒　理学治国

　　每一个时代，都需要有自己的主导意识形态，作为规范社会生活的基本价值准则。清王朝一入关，在军事上迅速肃清各地抗清力量的同时，也面临着在前朝战争的废墟上重建社会政治和伦理秩序的难题，这就提出了一个文化选择问题，即用何种意识形态整合思想，维系世道人心。"崇儒重道"，是顺康时期统治者为清王朝制定的基本文化国策。以康熙十七年（1678 年）的诏举"博学鸿儒"为标志，这一国策宣告全面实行。推尊孔子，作为崇儒的象征，历代皆然。康熙皇帝亲政后，在一批理学名臣的推动下，儒学在清朝政权中的指导地位才真正得以确立，真正意义上的文治建设才得以全面推行。随之而来，清朝政权儒学化程度加深，满汉民族关系趋于缓和，清朝社会向和谐方向发展，统一的多民族国家由此得到进一步的巩固和发展。

一、"崇儒重道"国策的实施

在康熙皇帝的执政生涯中，孔孟之道和程朱理学是他念念不忘的思想根基和决策指南，他努力钻研儒家经典，推崇理学治国，力求在治国实践中融会贯通。他熟悉朱熹对儒学的注释和阐发，厌弃和揭露那些伪道学，在治理国家中坚持不懈地把理学的理想原则一步步地化为现实的存在，对于清代中国社会的思想统一产生了重要的影响。

自汉武帝"罢黜百家，独尊儒术"之后，几乎历代王朝都公开尊崇孔子及其代表的儒家思想。一千多年来，儒家思想对于巩固君主统治发挥了巨大作用。清朝以少数民族政权崛起东陲，为了巩固大一统的政权，势必需要学习汉族传统的治国理论。从皇太极时期开始，即十分重视推行崇儒重道政策。入关后，为了维持与巩固统治的需要，清政权全面推广崇儒重道政策。顺治元年（1644 年）六月十六日，清军入关仅一个多月，清室便遣官"祭先师孔子"。十月，正式袭封孔子六十五代孙孔允植为衍圣公，照原明级别兼太子太傅。顺治二年（1645 年），清政府封孔子为"大成至圣文宣先师"。顺治九年（1652 年）九月，顺治帝隆重举行"临雍释奠"大典，勉励太学师生笃守圣人之道。顺治十四年（1657 年）九月、十月，顺治帝又开清代帝王经筵日讲之先河，谕令儒臣进讲儒家经典。由于顺治帝早逝以及康熙初期辅臣执政时的政策变化，清初以来一直奉行的崇儒重道政策一度出现了曲折。这样，全面贯彻崇儒重道政策的重任，便落在了康熙皇帝的肩上。

康熙八年（1669年），康熙皇帝采纳汉官建议，在宫中致斋后，率领诸王、大臣亲临太学释奠孔子。他以极为虔诚的态度，于棂星门外降辇，步行进入大成门，至孔子位前，行三跪六叩之礼。亲奠完毕，又至彝伦堂，听满汉祭酒、司业讲《易经》《书经》。听讲后，他对国子监祭酒、司业等官说："朕惟圣人之道，高明广大，昭垂万世，所以兴道致治，敦伦善俗，莫能外也。朕缵承丕业，文治诞敷，景仰先哲至德。今行辟雍释奠之典，将以鼓舞人才，宣布教化。尔等当严督诸生，潜心肄业。诸生亦宜身体力行，朝夕勤励。若学业成立，可裨任用，则教育有功。其或董率不严，荒乃职业，尔等系师生，难辞厥咎，尚其勉之毋忽。"①康熙皇帝的这一举动，已经不仅是皇帝个人的兴趣爱好问题，而是具有更为深远的政治意义。其目的在于利用孔孟之道，团结广大汉族民众和官僚，培养他们对清朝政权的认同心理。不久，康熙皇帝智擒鳌拜，排除了推行崇儒重道政策的重大障碍，从而使这一政策获得了全面的贯彻与落实。

康熙皇帝重视儒家学说的创始人孔子、孟子等人的文化

---

① （清）章梫纂：《康熙政要·崇儒学》卷16，第296页。

地位与教化作用。康熙十六年（1677 年）十二月，康熙皇帝在亲制《日讲四书解义序》中写道："朕惟天生圣贤，作君作师，万世道统之传，即万世治统之所系也……道统在是，治统亦在是矣。历代贤哲之君，创业守成，莫不尊崇表章，讲明斯道。"①把道统与治统之间的关系表述得相当清楚。康熙二十三年（1684 年）十一月，他第一次南巡回来，途经山东曲阜，亲诣孔庙瞻仰，行三跪九叩之礼，特书"万世师表"匾额，悬挂大成殿中。同时，康熙皇帝下诏天下学宫崇祀先儒。康熙二十六年（1687 年），他亲自作《至圣先师孔子庙碑文》《孟子庙碑文》，御书勒石，以示景仰。康熙二十八年（1689 年），他又亲自作《至圣先师孔子赞并序》《曾子赞》《子思子赞》《孟子赞》，盛赞孔孟之学："如日月之光昭于天，岳渎之流峙于地。"②于此可见康熙皇帝对儒家学说的推崇。

在治理国家中，康熙八年（1669 年），康熙皇帝亲诣太学祭孔之后，立即诏谕恢复以八股文取士的旧制。"嗣后照康熙元年以前例，仍用八股文章考试。"康熙九年（1670 年）十月，康熙皇帝向礼部下达一道谕旨，其主要内容是："朕惟至治之世，不以法令为亟，而以教化为先……盖法令禁于一时，而教化维于可久。若徒恃法令，而教化不先，是舍本而务末也……朕今欲法古帝王，尚德缓刑，化民成俗，举凡敦孝

---

① 《康熙起居注》，第 339 页。

② 《康熙起居注》，第 340 页。

弟，以重人伦；笃宗族，以昭雍睦；和乡党，以息争讼；重农
桑，以足衣食；尚节俭，以惜财用；隆学校，以端士习；黜异
端，以崇正学；讲法律，以儆愚顽；明礼让，以厚风俗；务
本业，以定民志；训子弟，以禁非为；息诬告，以全良善；
诫窝逃，以免株连；完钱粮，以省催科；联保甲，以弭盗贼；
解仇忿，以重身命。"这就是著名的《上谕十六条》。一月之
后，康熙皇帝批准礼部题请，决定将其颁行全国，"著通行
晓谕八旗，并直隶各省府州县乡村人等，切实遵行"①。《上
谕十六条》可以看作康熙皇帝的治国大纲，内容涉及方方面
面，但其主旨是以儒家思想治国。

　　根据宋明以来的文化传统与科举制度，康熙皇帝在文化
政策方面尊奉程朱理学。

　　理学又称道学，产生于北宋，盛行于南宋、元、明。广义
的理学，泛指以讨论天道性命问题为中心的整个哲学思潮，
包括各种不同学派。狭义的理学专指程朱理学。程朱理学是
北宋思想家周敦颐、邵雍、张载、程颢、程颐等人创立，南
宋思想家朱熹集其大成，最后完成了程朱理学的理论体系。
程朱理学以"理"为最高范畴，认为"理"是世界的本原。
二程、朱熹所谓"理"，主要是指君臣父子等伦理道德的准
则。与朱熹同时，还有陆九渊兄弟的心学学派。陆九渊宣扬

---

　　①　（清）章梫篆：《康熙政要·论政体》卷 2，第 50 页。

"心"是宇宙万物的本源，"心"与"理"完全同一，认为自然规律与伦理纲常都是人所固有的先验意识。由于程朱理学更适应维护君主统治，因而从南宋后期开始即被尊为官方哲学，历经元、明，相沿不改。明中叶以后，程朱理学趋于僵化。王守仁弘扬陆九渊的"心学"，提出"致良知"的学说，认为心之本体即是良知，良知即是天理，更不可向心外求理。王学产生后，很快风靡思想界，几欲取程朱理学地位而代之。明末清初，程朱理学和陆王心学并行。清初，满洲统治者忙于统一全国，只笼统地倡导尊孔，还无暇裁定朱王之争。随着崇儒重道国策的推行，康熙皇帝越发认识到程朱理学对巩固清王朝统治的重要性，于是利用政权的力量排斥理学中的其他流派，确立程朱理学独尊的地位。

康熙皇帝尊奉程朱，很大程度上是受了儒臣熊赐履的影响。熊赐履，字敬修，号素九，湖广孝昌（今湖北孝感）人。熊赐履提倡非六经、语、孟之书不读，非濂（周敦颐）、洛（程颢、程颐）、关（张载）、闽（朱熹）之学不讲。康熙十年（1671年）二月，康熙皇帝诏举经筵大典于保和殿，命熊赐履充经筵讲官，进讲《尚书》"人心惟危"一节。其原文是："人心惟危，道心惟微，惟精惟一，允执厥中。无稽之言勿听，弗询之谋勿用。"相传这是舜传给禹的为君之道。熊赐履认为它是千古帝王传心之要，万世圣学之源，并用程朱理学的观点解释说："人心易私而难公，故曰危；道心难明而易昧，故曰微。危微之介，只差毫厘，惟精以察之，不使混洧；一以守之，不至摇夺。天理纯全，人欲净尽，动静无过与不及，方能允执厥中，措置适当。"①三月，康熙皇帝又命熊赐履为日讲官，先是隔日进讲，继而每日入宫，进讲于弘德殿。年仅十八岁的康熙皇帝，胸怀守成兼创业的壮志，在清除鳌拜集团之后，励精图治，锐意进取。讲官进讲之时，他虚心学习，有疑必问。熊赐履也有问必答，耐心讲解，还经常结合国计民生、用人行政等问题，以问答奏对的形式，将程朱理学灌输给年轻的康熙皇帝。康熙皇帝曾说："朕闲时与熊赐履讲论经史，有疑必问。继而张英、陈廷敬以次进讲，大有裨益。"在熊赐履等人的影响下，康熙皇帝逐渐接受了程朱理学，开始把它奉为官方哲学。

康熙皇帝尊奉程朱理学的措施，主要表现在三个方面：

第一，把程、朱看作孔孟嫡传，大力宣扬程朱理学。康熙皇帝认为，程朱以前，"虽汉之董子（仲舒）、唐之韩子（愈）亦得天人之理"，但却"未及孔孟之渊源"，没有得到儒家学说的精髓；到了北宋，邵雍"玩索河洛之理、性命之微，衍先天后天之数，定先甲后甲之考，虽书不尽传，理亦显然矣"；周敦颐"阐无极而太极，复著《通书》，其所授受，有自来矣，如星辰系乎天而各有其位，不能掩也，光风霁月之量，又不知其何似"；程颢、程颐"充养有道，经天纬地，

---

① （宋）蔡沈撰，（宋）朱熹授旨：《朱子全书外编》卷1《虞书》第1册，第1页。

聚百顺以事君亲"，为前儒所诵。至于朱夫子，则"集大成而
继千百年绝传之学，开愚蒙而立亿万世一定之规，穷理以致
其知，反躬以践其实"，"文章言谈之中，全是天地之正气，
宇宙之大道"，"故读其书，察其理，非此不能知天人相与之
奥，非此不能置万邦于衽席，非此不能仁心仁政施于天下，
非此不能外内为一家"①。康熙皇帝已将程朱理学奉为神明，
在他看来，为君者舍程朱是难以治理好国家的。因此，他下
令将朱熹从孔庙东庑"先贤"之列升格到大成殿"十哲"之
中，又给程朱的祠堂及讲学的书院赐匾、赐物。同时，为了
弘扬程朱理学，他亲自作《理学论》，提倡"学者当于致知格
物中循序渐进"，通过自我认识和践履来完善自我，建立人生
最高理想。康熙皇帝还经常与大臣们一同研讨理学，使朝廷
大臣都能笃信其说。在提倡程朱的同时，康熙皇帝还排斥陆
王，这方面的典型例子有康熙与儒臣崔蔚林之间的争论。崔蔚
林依据王守仁"心学"的观点，曾撰《大学格物诚意辨》讲
章一篇进呈。康熙十八年（1679 年）十月，康熙皇帝将崔蔚
林召进宫，就朱、王之学进行辩论。朱熹诠释《大学》时，
对程朱学派的认识论作了精彩的发挥，他说："所谓致知在
格物者，言欲致吾之知，在即物而穷其理也。盖人心之灵莫
不有知，而天下之物莫不有理，惟于理有未穷，故其知有不

---

① （清）鄂尔泰、张廷玉撰：《国朝宫史》上，北京古籍出版社 1987 年版，第
621—622 页。

尽也。是以大学始教，必使学者即凡天下之物，莫不因其已知之理而益穷之，以求至乎其极。至于用力之久，而一旦豁然贯通焉，则众物之表理精粗无不到，而吾心之全体大用无不明矣。"① 崔蔚林从"心学"的观点出发，强调主观精神的作用，主张"格物是格物之本，乃穷吾心之理也"，据此对朱熹的学说提出疑问，认为朱子"解作天下之事物，未免太泛，于圣学不切"。当康熙皇帝转而论"诚意"这一范畴，指出"朱子解'意'字亦不差"时，崔蔚林又表示反对，说："朱子以意为心之发，有善有恶。臣以意为心之大聪明、大主宰，至善无恶。"康熙皇帝由于准备不足，无言以对，只得暂时中止了辩论。十天之后，经过比较长的思考，康熙皇帝对崔蔚林的见解进行了反驳，说："天命谓性，性即是理。人性本善，但意是心之所发，有善有恶，若不用存诚功夫，岂能一蹴而至？行远至迩，登高自卑，学问原无猎等，蔚林所言太易。"② 这段认识主要来源于朱熹的哲学思想，对崔蔚林的批驳也的确抓住了王学末流的弊端。

第二，为了提倡程朱理学，大量刊刻理学家的著作。《性理大全》是明朝永乐年间儒臣纂修的收录程、朱等人的理学著作及有关性理语录的一部官书，影响很大。康熙皇帝认为这部书"穷天地阴阳之蕴，明性命仁义之旨，揭主敬存诚之

① （宋）朱熹撰：《四章书句集注》，中华书局1983年版，第7页。
② 《康熙起居注》，康熙十八年十月丁亥，第452页。

要，微而律数之精义，显而道统之源流，以至君德圣学政教纪纲，靡不大小兼赅，而表里咸贯，洵道学之渊薮，致治之准绳"[①]。于是命人重加补订，亲自作序，刊行全国。康熙皇帝还命李光地、熊赐履等理学大臣纂修《朱子全书》《周易折中》《性理精义》等理学著作。以上几部著作，康熙皇帝都亲为作序，鼓吹程朱理学可谓不遗余力。康熙皇帝如此热衷于刊刻理学著作，目的便是使程朱理学成为全社会的统治思想。

第三，重用理学名臣。康熙皇帝既然服膺程朱理学，自然就十分看重那些有相同思想倾向的官员。较早受到康熙皇帝重用的当数熊赐履。熊赐履早年担任经筵日讲官时，对年轻的康熙皇帝走入理学殿堂有启蒙之功，因而深受康熙皇帝的器重。康熙十四年（1675年）迁内阁学士，寻破格授武英殿大学士，兼刑部尚书。次年，熊赐履以票签失误诿咎同僚而夺官。康熙二十三年（1684年），康熙皇帝南巡，熊赐履迎谒，召至行宫，咨访再四。康熙二十七年（1688年），熊赐履起为礼部尚书，后授东阁大学士兼吏部尚书。

康熙朝最得重用的理学名臣是李光地。

李光地，字晋卿，号榕村，福建安溪人，康熙九年（1670年）进士，选翰林院庶吉士，康熙十一年（1672年）授编修。"三藩之乱"时，李光地拒不投降耿精忠，于康熙十四年

---

① （清）康熙：《康熙帝御制文集》卷19，台北学生书局1966年版，第303—304页。

（1675 年）上蜡丸密疏，进献平闽的军事方略，康熙皇帝称赞他："真忠臣也！"同年超授侍讲学士。康熙二十五年（1686年）又授翰林院掌院学士，直经筵，兼充日讲起居注官，历官兵部侍郎、工部侍郎、直隶巡抚、吏部尚书等，康熙四十四年（1705 年）拜文渊阁大学士。李光地"谈经讲学，一以朱子为宗"，"非程朱不敢言"，除笃信理学外，他在经书、象数、乐律、音韵等方面造诣颇深。康熙皇帝纂修的《朱子全书》《周易折中》《性理精义》诸书都出于李光地之手。除此而外，康熙年间得到重用的理学名臣，还有汤斌、魏象枢、张伯行、陆陇其、张廷玉等人。这些理学名臣居官通常比较清廉，有一定的政治见解和才干，在康熙一朝的政坛上异常活跃。

康熙皇帝在提倡程朱理学时，尤其重视学用一致、知行统一，对大多数理学家空谈性理的思想作风深为不满。因此，他特别提倡真理学，反对假理学。

有一次，康熙皇帝听讲《中庸》之后，问讲官叶方蔼知行二者哪一个更重要。叶方蔼回答说："宋臣朱熹之说，以次序言，则知先行后；以功夫言，则知轻而行重。"康熙皇帝则认为："毕竟行重，若不能行，知亦虚知耳。"[1] 为什么说行重于知？关键是知的目的在于应用，在于指导实践；若不用，不实践，知便失去了价值。康熙皇帝在概括其知行观时

---

① （清）赵尔巽等撰：《清史稿》卷 266，列传 53，《叶方蔼传》，第 33 册，第 9943 页。

指出："明理最是紧要。朕平日读书穷理，总是讲求治道，见诸措施。故明理之后，又须实行，不行，徒空谈耳！"① 程朱理学所讨论的，不是纯粹的认识问题，主要是道德意识的自我认识和实践问题。他们宣扬合内外之道，一天人之学，而这种人生最高理想只能落实在日常人伦之中，通过自我认识和践履才能达到。理学家所谓理欲、义利之辩以及格物致知、诚、敬等功夫，就是达到这种境界的方法。康熙皇帝依据知行统一的观点，对真理学和假理学作了明确的区分。康熙二十二年（1683 年）十月，他对日讲官张玉书等人说："日用常行，无非此理。自有理学名目，而彼此辩论。朕见言行不相符者甚多，终日讲理学，而所行之事全与其言背谬，岂可谓之理学？若口虽不讲，而行事皆与道理吻合，此即真理学也。"② 也就是说，那些日常行事合乎封建伦理道德的理学家是真理学，而那些挂着理学家招牌而日常行事却不守封建伦理的人是假理学。真理学视理学为追求人生理想的桥梁，而假理学把理学作为换取高官厚禄的敲门砖。

对于真理学之人，康熙皇帝不惜破格重用。康熙二十三年（1684 年），他以学士汤斌"曾与河南姓孙之人（指当时理学大师孙奇逢）相与讲明，如此尚于道学相近"，以前其试浙江"操守甚善"，授汤斌江苏巡抚。康熙五十二年（1713 年）

---

① 《康熙起居注》，康熙十二年八月癸亥，第 116 页。
② （清）章梫纂：《康熙政要·论理学》，卷 16，第 310 页。

九月，他令大学士李光地传谕九卿，"有明于性理实学之人，令各举所知"。康熙六十年（1721 年）三月，康熙皇帝与大学士们谈到刚进行过的会试，认为其中可能有弊，因为一些真才实学者未被取中，"如举人王兰生学问，南人中或有胜彼者，若直隶人则未能及之。前《周易折中》《性理精义》《朱子全书》，魏廷珍、王兰生等在朕前昼夜校对五年，不遗一字。读书人少读性理者，王兰生甚为精熟，学问亦优，屡试未中，或文章不佳，抑别有故耶？"① 因此，康熙皇帝赐王兰生进士，"着一体殿试"。对那些假理学，康熙皇帝则毫不留情，予以猛烈抨击和打击。他批评部分汉族官僚："道学者必在身体力行，见诸实事，非徒托之空言。今视汉官内，务道学之名者甚多，考其究竟，言行皆背。"崔蔚林是康熙皇帝点名申斥的假理学的典型。崔蔚林与康熙皇帝辩论朱、王优劣，公开指责朱熹的说法，加之崔蔚林在乡里言不顾行，口碑不佳，康熙皇帝对他很是反感。康熙二十一年（1682 年）六月，在与近臣议及崔的官职升迁时，康熙皇帝指斥崔所谓道学未必是实，"为人不甚优"，"居乡亦不甚好"。两年后，崔蔚林自觉在朝中难以立足，疏请告病还乡。康熙皇帝决意借机对他加以惩治，乃谕大学士等："崔蔚林乃直隶极恶之人，在地方好生事端，干预词讼，近闻以草场地土纵其家人肆行控告。又

---

① 《清圣祖实录》，康熙六十年三月庚午。

动辄以道学自居，焉有道学之人而妄行兴讼者乎？此皆虚名耳。又诋先贤所释经传为差讹，自撰讲章甚属谬戾。彼之引疾乃是托词，此等人不行惩治，则汉官孰知畏惧！"①这番言辞犀利地揭露、戳穿了崔蔚林伪道学的丑陋面目。

总之，康熙皇帝崇儒重道，由尊孔，到尊崇程朱，到提倡理学治国，对当时及此后清代政治与思想文化的发展都有很大的影响。在他当政的六十一年中，精心培植了一批心腹官僚，除了李光地、汤斌、熊赐履等外，还有"力崇程、朱为己任"的张伯行，"笃守程朱"的陆陇其，还有魏象枢、张廷玉、蔡世远等，都是显赫一时的理学"名臣"，是理学化解了满汉统治者之间的介蒂，推崇理学成为满汉统治者的共同语言。康熙皇帝的崇儒重道政策，争取了广大汉族士大夫和百姓的支持，促进了清初统一局面的形成。清室入关初期，首先是把精力放在军事统一方面，在文化事业上，清初统治者还拿不出一套成熟的文化政策和措施。康熙年间，在军事形势大体稳定的情况下，提倡儒学和尊奉程朱顺应了广大汉族人民的信仰心理，缓和了他们的反抗和对立情绪。更重要的是，康熙皇帝尊奉程朱的政策赢得了汉族士大夫的支持，大批知识士人通过科举考试、"博学鸿儒"等途径进入仕途，从而心甘情愿效忠清室。这些举措确实促进了清初的统一。②

---

① 《康熙起居注》，康熙二十三年二月己亥，第 1134 页。
② 参见白新良等著：《康熙传》，岳麓书社 2015 年版，第 244—250 页。

二、对文治的重视与提倡

康熙皇帝亲政以后，将振兴文教作为巩固清王朝统治的基本政策。其主要措施有：

1. "崇隆儒术，振兴文教"

基于唯有"崇隆儒术，振兴文教"，方能"俾唐虞之治再现，姬孔之道盛行"的认识，康熙皇帝对文教事业极为关注，高度重视科举制度和学校建设。

在承袭明朝科举制度的基础上，康熙皇帝根据形势的变化，作了一些改革，使其更加规范，更加有利于人才的选拔。康熙三年（1664年），裁撤会试中式副榜。康熙五十一年（1712年），以"中式进士内，或有不能作文，令人顶替者，亦未可定"[①]，令"齐备试卷"，赴畅春园，由皇帝亲自复试。特科、恩科制度，在康熙朝逐渐成型，使清朝科举选才成为一个比较完善的体系。康熙五十四年（1715年），又令："五经中式甚属无益，十七八岁之幼稚皆能之，不过手敏多写字耳，殊无实学，著停止。"[②]此外，在挑选和简任各省学政、乡会试主考官时，康熙皇帝更趋慎重，务求选任得人。

康熙皇帝对于学校建设高度重视，及至晚年，仍十分关

---

① 《清圣祖实录》卷249，康熙五十一年三月戊戌，中华书局1985年版，第3册，第470页。

② 《清圣祖实录》卷262，康熙五十四年正月甲子，第3册，第579页。

注。康熙五十四年（1715 年）二月巡视直隶时，他特谕直隶巡抚赵弘燮曰："移风易俗莫过读书，非此无可上进。朕思畿辅之地乃王化所先，宜当穷乡僻壤皆立义学，觅人读书，亦勉励孝悌，可望成人矣。尔即遍示村庄，皆知朕崇文好学之深意。"

康熙皇帝特别重视加强旗人子弟教育。康熙三十年（1691 年），以"盛京系发祥重地，教育人才宜与京师一体"，采纳礼科给事中博尔济建议，于"盛京左右两翼，各设官学二处。将彼处俊秀幼童，各旗选取十名，每翼四十名，满学各一十名，教读满书，习马步箭；汉学各二十名，教读满汉书，习马步箭，交与盛京礼部堂官，不时稽查操演"①。满、汉学之助教都由吏部考授。同时，对于京师八旗子弟，规定"读汉书者，考取生员、举人、进士时，仍令射马步箭，能者方准作文考试，其余幼童十岁以上者，各佐领于本佐领内，选优长者各一人"，按满、蒙、汉军不同旗分，分别教习满、蒙书语，并教习马步箭。仍令各佐领骁骑校稽查，将此学名为义学，可谓考虑周详，制度严密。

在振兴文教的同时，康熙皇帝多次强调要端正学风，确保教育质量。他指出，举办学校"必衡鉴得人，厘剔有法，乃能革除积弊，遴拔真材，以彰文治之盛"②。

---

① （清）鄂尔泰等撰：《八旗通志初集》卷 49《学校志四》，东北师范大学出版社 1985 年版，第 960 页。

② 《清圣祖实录》，康熙十二年十二月癸丑，卷 44，第 1 册，第 584 页。

2. 转移风教，化民成俗

兴办学校，广布教化，其最重要的目的在于"转移风俗"，"化民成俗"，令天下士民百姓安分守己，遵循礼法，以稳定统治秩序。康熙九年（1670 年）十月，康熙皇帝颁布著名的"圣谕十六条"，作为天下士民的日常行为准则。此谕颁布后被地方官作为最基本的教化教材，广为宣传讲解，务使士民周知。

从"帝王政治，首在维持风化，辨别等威，崇尚节俭，禁止奢侈"[①]的认识出发，康熙皇帝对种种违背儒家伦理纲常和封建道德规范的风俗、习惯，严加禁饬。康熙十二年（1673 年）十月，他对熊赐履说："朕观朱文公家礼、丧礼不作佛事，今民间一有丧事，便延集僧道，超度炼化，岂是正理？"[②]同年十二月，要求八旗满、蒙、汉军正副都统及六部尚书等禁止嬉游、劝善惩恶，以纠正旗人中存在的不良风习。康熙二十六年（1687 年）五月，康熙皇帝对大臣们说："观今之人群集宴会，流于邪僻嬉戏者甚多。此等事若不行禁止，则渐流于放纵。或有身为大臣，沉湎之色形于颜面者，真非人类矣！"[③]令礼部设法禁止。

明清时期，江苏商品经济发达，民风奢靡，引起康熙皇

---

① 《清圣祖实录》，卷 34，第 1 册，第 461 页。

② 《康熙起居注》，康熙十二年十月乙巳，第 127 页。

③ 《康熙起居注》，康熙二十六年五月壬辰，第 1629 页。

帝的高度重视。康熙二十三年（1684 年）九月，康熙皇帝谕即将赴任的江宁巡抚汤斌说："居官以正风俗为先。江苏习尚华侈，其加意化导。非旦夕之事，必从容渐摩，使之改心易虑。"同年十月，康熙皇帝南巡至苏州，又谕侍臣曰："向闻吴阊繁盛，今观其风土，尚虚华，安佚乐，逐末者众，力田者寡。尔当使之去奢返朴，事事务本，庶几可挽颓风。"① 在即将回銮之际，特命停舟，谕江南大小文武各官曰："朕向闻江南财赋之地，今见通衢市镇似觉充盈。至于乡村之饶，人情之朴，不及北方，皆因粉饰奢华所致。尔等身为大小有司，当洁己爱民，奉公守法，激浊扬清，体恤民隐。务令敦本尚实，家给人足，以副朕望老安少怀之至意。"②

康熙朝整饬风俗政策，举其大端，主要包括两个方面：一是确立服饰等等，提倡节俭；二是禁毁淫词小说，以维风化。

康熙皇帝因服饰制度关系国家立法规制，特于康熙十一年（1654 年）八月敕谕礼部曰："近见内外官员、军民人等，服用奢靡，僭越无度。富者趋尚华丽，贫者互相效尤，以致窘乏为非，盗窃诈伪，由此而起。人心器凌，风俗颓坏，其于治化所关匪细。今应作何分别，务行禁止，著九卿科道会同严加确议，定例具奏。"③ 需要指出的是，尽管康熙皇帝主

---

① （清）赵尔巽等撰：《清史稿》卷 265，列传 52，第 33 册，第 9930 页。
② 《康熙起居注》，康熙二十三年十一月乙丑，第 1249 页。
③ 《清圣祖实录》，康熙十一年八月癸丑，卷 39，第 1 册，第 259 页。

张严格服饰等级，但并不赞成单纯依靠法令强制推行。

　　康熙皇帝特别注重提倡节俭之风，他曾经对身边大臣说："国家财赋出于民，民力有限，当思撙节爱养，则国家常见其有余。"①康熙皇帝毕生躬行节俭，以为臣民表率："宫中服御之具质朴无华，至于古玩器皿之属，皆寻常极平等之物，竟无一件为人所罕见可珍奇者。"②其生活之俭朴，令其时在华的外国传教士赞叹不已，认为康熙皇帝的恬淡素朴简直是没有先例的。

　　在禁奢靡、倡俭约的同时，康熙皇帝更以雷厉风行的态度，严行禁绝淫词小说。康熙二十六年（1687年）二月，康熙皇帝以"淫词小说，人所乐观，实能败坏风俗，蛊惑人心。朕见人乐观小说者多不成材，是不惟无益，而且有害"③，下令严行禁止。对违禁撰著及私藏刻板者，一经发现，从重治罪。康熙五十三年（1714年）四月，康熙皇帝再次强调禁毁淫词小说。又谕礼部："朕惟治天下，以人心风俗为本。欲正人心，厚风俗，必崇尚经学，而严绝非圣之书，此不易之理也。近见坊间多卖小说淫词，荒唐鄙俚，殊非正理，不但诱惑愚民，即缙绅士子，未免游目而蛊心焉。所关于风俗者匪细，应即行严禁。"寻议定一系列具体措施，凡系小说淫词，

---

① （清）章梫纂：《康熙政要·论俭约》卷13，第236页。
② 《雍正朝起居注》第5册，中华书局1993年版，第3689页。
③ 《康熙起居注》，康熙二十六年二月壬戌，第1595页。

一应书籍、刻板均行销毁，有仍行造作刻印者，系官则革职，系军民则杖一百，流三千里。市杖一百，徒三年。该管之官查处不力被查出者，初次罚俸六个月，二次罚俸一年，三次降一级调用。此次禁书条例后被收入《大清律》，并加重了对失察官员的处分，查禁力度较前大为增强。

康熙皇帝整饬风俗政策，取得了比较显著的成效。节俭政策的推行，使朝廷开支减少。"光禄寺先前每年需用钱粮六七十万，陆续节省核减，一年只用四五万两。且工部先前每年需用钱粮百万有余，亦经陆续节省核减，只用十五万余两。"[①]社会风气也渐趋淳朴。向来以风俗奢靡著称的江苏，经巡抚汤斌"严加训饬，委曲告诫，一年以来，寺院无妇女之游，迎神罢会，艳曲绝编，打降敛迹"，大有返朴还淳之象。

3. 编纂典籍

延揽人才，编纂典籍，是中国传统社会文治建设的重要内容，清王朝也不例外。在康熙皇帝统治的六十一年中，朝廷投入大量人力、物力，编纂各类图书典籍，将古代中国官方学术文化事业推向了一个新的高度。

（1）编纂《会典》《则例》与《方略》

清政府重视编纂《会典》，主要是为了强化专制主义中央集权的需要，使各级官员有理可循。早在顺治初年，即有

---

① （清）章梫纂：《康熙政要·论俭约》卷4，第255页。

官员提出撰修会典。给事中姚文然在一次召对中说："夫明时之职掌具存也，会典犹在也，然或法有可通，则以为先朝之成宪，或情有不便，则以为胜国之陋规，或沿或变，何去何从，盖因革不出新裁，则臣下无所遵守。"他建议"广集词臣"，"博考掌故"，勒定"典章"，"以成一代之书，定开国之制"①。后来，魏象枢在"圣朝大礼既行，亟请更定会典以明职掌以悬国制"的奏疏中，再次提请编纂会典。

清朝的第一部会典，开修于康熙二十三年（1684 年），二十九年（1690 年）成书，共一百六十二卷。全书以宗人府为首，然后是内阁、各部院衙门，实行以官统事，以事隶官的编次方法。由于会典所载，皆系现行条规，随着时间的推移，以及官制职掌的变动，常常会有所变化，所以每过一段时间，就要重修会典。清代自康熙以后，曾多次进行续修。则例由各衙门负责编修，做法是将所在衙门中经办的典型事例归纳起来，选编成册，使有关官员在办事时有所遵循。康熙七年（1668 年），左都御史王熙上疏说："世祖章皇帝精勤图治，诸曹政务皆经详定，数年来有因言官条奏改易者，有因各部院题请更张者，有会议兴革者，则例繁多，官吏奏行，任意轻重。"故此他建议各该有司，"详察现行事例"，或遵

---

① （清）姚文然著：《姚端恪公文集》卷18，《戊子山东程》，清康熙刻本。

守或更改，"条晰"具题，以便"裁定画一"①。在这以后不久，清政府便于康熙十二年（1673 年），颁布了《六部题定新例》。接着在康熙一代，又先后编撰了《刑部则例》《中枢政考》《吏部品级考》《兵部督捕则例》《户部赋役全书》《学政全书》《旗地则例》等多种。

清代从康熙时候起，每当一次军事行动以后，朝廷为了宣示其武功，都要下诏设馆，纪其始末，纂辑成书，叫作"方略"或"纪略"。它们的资料多采自当时的军事奏报和有关诏旨，并按年月日次序进行编纂。有的还把一些庆贺胜利的御制诗文和诸大臣附和的诗文，以及纪功勒石的碑文，也统一收录。计康熙年间编定的"方略"有：

《平定三逆方略》六十卷，康熙二十一年（1682 年）修，记清廷平定吴三桂、耿精忠、尚之信三藩叛乱事。

《平定察哈尔方略》，上下两卷，记康熙十四年（1675年）平定察哈尔部布尔尼称乱事。

《平定海寇记略》四卷，记平台湾郑氏。

《平定罗刹方略》四卷，记清政府为驱逐沙俄侵略势力，在雅克萨等地进行自卫反击战胜利事。

《亲征平定朔漠方略》四十八卷，记康熙皇帝三次出师征讨噶尔丹反清势力事。

---

① （清）赵尔巽等撰：《清史稿》卷 250，《王熙传》，列传 37，第 32 册，第 9694 页。

（2）编修史书

修撰《明史》。康熙皇帝对纂修前明之史予以高度重视。康熙十九年（1680年）正月，他谕众学士说："编纂史书，关系一代政事，用垂后世。若书籍缺少，虽编纂不能成完史"，命诸臣议奏"各省遣官购取书籍"之事，并亲自过问参与纂修人员。

《明史》是清代官修正史，计有三百三十六卷，其修纂时间很长，历顺治、康熙、雍正、乾隆四朝，直至乾隆四年方全书告竣，前后近一百年。《明史》主要编制工作完成于康熙朝。康熙十八年（1679年），《明史》开局。以原任翰林院掌院学士徐元文为监修官，翰林院掌院学士叶方蔼、右春坊庶子兼侍讲张玉书为总裁官，选址内东华门。

除《明史》外，康熙朝修编的史书还有《御批通鉴纲目》五十九卷，《通鉴纲目前编》1卷、《外纪》一卷、《举要》三卷、《通鉴纲目续编》二十七卷。《历代纪事年表》一百卷等。

（3）编注《经解》等类书籍

经部分十类，其主要撰著，多是些奉旨敕编的书籍。像属于易类的有：

《日讲易经讲义》十八卷，康熙二十二年（1683年）牛钮奉敕撰；《周易折中》二十二卷。康熙五十四年（1715年）李光地等奉敕撰。属子书类的有《日讲书经解义》十三卷，康熙十九年（1680年）库勒纳等奉敕编；《书经传说汇纂》

二十四卷，康熙六十年（1721年）王顼龄等奉敕撰。属于诗类的有《诗经传说汇纂》二十卷，又序二卷，康熙六十年（1721年）王鸿绪等奉敕编。属于礼类的大部著述有徐乾学撰的《读礼通考》一百二十卷，又有陆陇其撰《读礼志疑》《礼经会元疏解》共十七卷，李光地撰《周官笔记》《礼记纂编》《朱子礼纂》共十二卷，毛奇龄撰《周礼问》《丧礼吾说篇》《三年服制考》《昏礼辨正》《大小宗通绎》《家礼辨说》《辨定祭礼通俗谱》等共四十四卷。属于乐类的有康熙五十二年（1713年）御撰的《律吕正义》五卷。春秋类有：《春秋传说汇纂》三十八卷，康熙三十八年（1699年）王掞等奉敕撰；又有《日讲春秋解义》六十四卷，为康熙时经筵旧稿，雍正七年（1729年）敕编。属于孝经类的有：《孝经衍义》，康熙二十一年（1682年）敕编。属于四书类有《日讲书经解义》十八卷，康熙十九年（1680年）库勒等奉敕撰；《书经说汇纂》二十四卷，康熙六十年（1712年）王顼龄等奉敕编。

清廷十分看重宋儒理学，不遗余力地大加提倡。康熙五十二年（1713年），乃诏令李光地等编《朱子全书》66卷；康熙五十六年（1717年），又命编《性理精义》十二卷。

（4）编辑诗文集

《古文渊鉴》六十四卷，康熙二十四年（1685年）由内阁学士徐乾学等负责编注，选录自《春秋》《左传》直到宋朝的"用真德秀"的文章，并加以考证、评点。

《御定全唐诗》九百卷，康熙四十二年（1703年）彭定求等参与编定，共收唐诗四万八千九百余首，作者二千二百余人，是一部包罗宏富的洋洋大书。此外还有《御定全金诗》七十四卷，康熙五十年（1711年）成；《御定四朝诗》三百一十二卷，收宋、金、元、明四朝五千八百余人的诗作，分帝制、四言、乐府歌行、古体、律诗、绝句、六言、杂言八大类进行编排，也是嘉惠儒林的大书。

《御定佩文斋咏物诗选》四百八十六卷，是康熙四十五年（1706年）张玉书等参编的，收集历代写咏鸟兽草木为对象的各色诗。与此相类似的有《历代题画诗》一百二十卷，康熙四十六年（1707年）陈邦彦等奉敕编；《历代诗余》一百二十卷，康熙四十六年（1707年）沈辰垣等奉敕编等。

（5）编纂字典及有关工具书

《康熙字典》，康熙四十九年（1710年）命陈廷敬编纂，康熙五十五年（1716年）完成，共收字四万七千零三十五个，不但收字数量丰富，而且对每字的音切和意义都作了很好的注译，价值颇高。其他有《清文鉴》，康熙十二年（1673年）着手编辑，康熙四十七年（1708年）完成，是一部满文字典；《渊鉴类函》四百五卷，康熙四十九年（1710年）张英奉敕编；《佩文韵府拾遗》四百四十三卷，康熙四十三年（1704年）张玉书等奉敕编；《佩文韵府拾遗》一百一十二卷，康熙五十九年（1720年）张廷玉等奉敕编；《骈字类编》二百四十卷，康熙五十八年（1719年）吴士玉等奉敕编；《分类字锦》六十四卷，康熙六十年（1721年）何焯等奉敕编；

《子史精华》一百六卷，康熙六十年（1721年）吴士玉等奉敕编；还有康熙五十四年（1715年）御定《词谱》四十卷，《曲谱》十四卷。

上述工具书的编纂，便于人们检索资料，有利于推动学术研究。

（6）编纂大类书《古今图书集成》

该书由侍奉皇三子胤祉（封诚亲王）词臣陈梦雷倡议并主持编纂的，始于康熙四十年（1701年），四十五年（1706年）完成，初名《古今图书汇编》，共收录古今经史子集书约三千六卷，定六编、三十二志、六千一百零九部，分汇考、总论，有图表、列传、艺文、纪事、杂录、外编、考证、地图等项目。康熙皇帝病逝后，胤祉因得罪于雍正帝遭禁锢，陈梦雷也受到牵连，"汇编"一书由蒋延锡完其事，蒋改志为典，把原来的三千六多卷细分成一万卷，内容无所变动，更名为《古今图书集成》，印刷出版。

（7）编纂地理、历象、数理、植物等学科书籍

属于地理类的有《皇舆表》十六卷，康熙四十三年（1704年）喇沙里等奉敕撰；《方舆路程考略》，汪士铉等奉敕撰；《清凉山新志》十卷，敕撰。属于历象类的有《月令辑要》二十四卷，又图说一卷，康熙五十四年（1715年）李光地奉敕撰；《历象考成》四十二卷，康熙五十二年（1713年）御撰；《星历考原》六卷，康熙二十二年（1683年）李光地奉敕辑。

属于数理类的有：《数理精蕴》五十三卷，康熙十三年（1674年）卷御撰，总结了当时数学上的成果，为清代习算者必读之教本。

属于植物类的有：《广群芳谱》一百卷，康熙四十二年（1703年）汪灏奉敕撰。

另外，关于论述书法绘画方面的大书《御定佩文斋书画谱》一百卷，康熙四十七年（1708年）由王原祁主持完成，分论书、论画、历代帝王书画、书家传、画家传、无名氏书画等类，对了解考订书画有很大用处。[①]

康熙皇帝编修群籍，如同他振兴教育一样，主要目的是要借此达到统一人们思想、巩固统治的目的。因而，在编修的书籍中，程朱理学之书占了很大分量，其他经、史、子、集四部之书也无不贯穿着维护政治统治的目的。在康熙皇帝的主持和直接参与下，康熙一朝的图书编纂的成果是丰硕的，为后人留下了数十部重要的文化典籍。这批文化遗产，无论是对清代学术的发展，还是对中国文化的传承，都起过有益的促进作用。

---

① 参见《清代全史》（第3卷），方志出版社2007年，第310—313页。

第六章　清官宜扶　贪官宜惩

　　吏治的优劣直接关系着民心的向背和统治者的安危，是国家盛衰治乱的关键。历代有远见的统治者，为了王朝的"长治久安"，无不注重对吏治的整饬，反腐倡廉。康熙时期，腐败现象已比较严重。各处收税官巧立名目，违法害民；督抚收受州县礼物，习以为常；地方官私征滥派，或入私囊，或贿上官之事，时有发生；行贿、受贿、索贿，公行无忌；科场舞弊，徇情庇佑，屡禁不止；尸位素餐、唯事钻营，几乎成了普遍现象。其他如虚冒或克扣兵饷、侵蚀入官财物、亏空府库银两等种种腐败现象，不一而足。腐败的危害性和反腐的紧迫性凸现，惩治腐败已经不能不提上议事日程。康熙皇帝深谙治国之道，在反腐倡廉方面尤其着力，针对种种腐败现象，康熙皇帝从谕责教育、制度规范和刑罚惩治等方面，三管齐下，进行治理，扶植清官，惩治贪官，取得了比较明显的效果。

一、康熙初中期的吏治整顿

吏治优劣直接关系到民心的向背和统治者政权的安危，是国家盛衰兴乱的关键。历代有远见的统治者，为了王朝的"长治久安"，无不注重对吏治的整饬。康熙皇帝深谙治国之道，在他统治的初中期，在反腐倡廉方面下过一定的功夫。

在政权建设中，官员的品质和素养的高低，往往影响着国家治理的好坏。而要培植一支风纪整肃的官僚队伍，除朝廷要慎选人才外，更须建立一套行之有效的管理考核制度以作为保障。

清朝统治者自顺治时起，一方面因统治区域的急剧扩大，各级机构都须充实用人，以致把"前朝犯赃除名、流贼伪官一概录用"[①]。他们不顾地方荒残，只知刻剥民财，营求升转；又利用朝廷要他们荐举人才的机会，引朋呼类，甚至把明末的党争关系也带了进来，从而导致整个官员队伍素质的低下。另一方面，长年不断的战争，也使统治者无法认真思考吏治问题，特别因庞大的军费开支而造成的财政严重支绌，使清政府对各级官员的刚性要求，就是保证赋课的足额，这就使得贪污者有了一定的上手机会。所有这些，都助长了贪风的炽盛和吏治的败坏。

---

① （清）蒋良骐撰：《东华录》卷 4，第 64 页。

顺治十年（1653年），顺治皇帝到内院了解吏部大计官员的情况，对查出的犯赃官人数之多感到吃惊，说："贪吏何其多也，此辈平时侵渔小民，当兹大察之年，亦应戒慎。"①康熙皇帝亲政以后，即对吏治开始整顿。他对辅臣鳌拜任用张长庚、白如梅、张自德、贾汉复、屈尽美、韩世琦等"匪人"为督抚甚为不满，认为他们"扰害地方"，把百姓搞得"困苦已极"。康熙皇帝不止一次谈及吏治与民生的关系。例如康熙十二年（1673年），他与大学士熊赐履讨论治国之道时说：百姓生活不得安宁，关键在于吏治不清，假若长吏贤明，百姓自然安宁。他又针对魏象枢所上的请求严饬吏治的奏疏说："这所奏事情切中时弊"，要求有关部院"会同详议具奏"②。

康熙十八年（1679年）初，在策试天下贡士时，康熙皇帝提出"民生休戚关乎吏治之贤否"的题目，要举子们"详切敷陈""良策"，供皇帝"亲览"③。此后，康熙皇帝又多次以此为题来考查全国的贡举们。

康熙皇帝认为，要避免"蹈明末故辙"，"军备固宜豫设"，但更重要的还是"专任之官得其治理，抚绥百姓时时留意，则乱自消弭"④。康熙三十六年（1697年）四五月间，康

---

① 《清世祖实录》卷71，顺治十年正月癸巳。

② 《寒松堂全集》卷4，《申明宪纲恭请严饬以请致治本源事疏》。

③ 《清圣祖实录》卷80，康熙十八年三月乙卯。

④ 《康熙起居注》，康熙二十八年八月二十戊子，第1895页。

熙皇帝因追歼噶尔丹巡视山西、陕西等省，亲睹各级官员恣意横暴的情景，不禁大为震惊。他召集大学士们谈话说："朕恨贪污之吏更过于噶尔丹，此后澄清吏治，如图平噶尔丹则善矣。"[①]把惩治贪官与抚绥边疆结合起来。两年后，他视察京畿，面对着浊浪滔天的永定河流水，又若有所思地说："官不清则为民害，水不清亦无利于民，天下之浊者皆如此也。不清之官朕有法以正之，不清之水朕有策以治之。"[②]明确地表示了他对整饬吏治的信心和决心。

第一，在加强官僚队伍的整顿中，康熙皇帝充实和严格了考核制度。按清承明制，对文职官员实行"京察""大计"之法。"京察"是指考核在朝京官和督抚，"大计"则是考核外任的官员，规定三年举行一次，按照一定的标准考核，分别奖惩。但在清初战争动乱的条件下，不但考核的内容常常流于形式，而且时间也无法保证，还常借故停罢。康熙元年（1662 年），颁谕："内外官员历俸三年考满，即可分别去留。此外又有京察大计，实属繁文，仍停京察大计，专用考满，以五年分别勤惰。一二等称职，加级记录，平常者留任，不及者降调，不称职革职，以后升转，一等者先用。"[③]康熙三年（1664 年），御史张冲翼注意到考满结果定一等者甚多，

① 《清圣祖实录》卷 183，康熙三十六年五月壬寅。

② 《清圣祖实录》卷 195，康熙三十八年十月乙亥。

③ （清）章梫纂：《康熙政要·论择官》卷 9，第 179 页。

无法显示差等，反而激发了官吏们的奔竞钻营之心，他"请以部院员数之多寡，定一二等名数，以息奔竞。"①对此，康熙皇帝马上告谕吏部说："都察院近日内外文武各官，考满一等二等甚多，岂无一才力不及不称职者？此后各部直隶各省文武官员考满，将三年之内，某官所办某事，察明保奏。若考过一等二等官员，不能称职者，事发之日，将考核时具保之官，一并治罪"②。但是四年（1665年），御史季振宜又发现"自行考满以来，大臣上疏自陈，不过铺张功绩，博朝廷表里羊酒之赐。至堂官考核司属，朝夕同事，孰肯破情面秉至公？其中钻营奔竞，弊不胜言……请停考满之法，照序升传"③。到康熙二十三年（1684年）以后，康熙皇帝认真整顿过去的制度，开始严格考核官吏，到康熙晚期的三十多年里，大批不称职的官吏及时受到处理，有一千五百多人因"才力不及"和"浮躁"被降职调用，还有一千五百多人因"木谨"和"罢软无为"而被革职。此外因廉洁能干受到表彰的有七百多人，因贪酷被惩处的有五百多人，因老病而休致的达两千六百多人。康熙皇帝按制度定期考察官吏，严格实行奖惩，对防止官吏腐败，提高官吏素质起到了积极作用④。

---

① （清）章梫篆：《康熙政要·论择官》卷9，第179页。

② （清）章梫篆：《康熙政要·论择官》卷9，第184页。

③ （清）章梫篆：《康熙政要·论择官》卷9，第179页。

④ 参见蒋兆成、王日根著：《康熙传》，人民出版社1998年版，第321页。

　　第二，在其他用人制度方面，康熙皇帝也作了不少充实和调整。清代入仕，有"正途""杂途"之分。正途指经科举或贡监而做官的人，构成官员队伍的主体，在此之外，诸凡通过捐纳、荫袭、吏胥迁秩等进入官场的，统谓杂途。比较起来，杂途人员来源复杂，素质亦参差不齐。康熙皇帝认为要澄清吏治，必须重视官员选拔，对杂途人选作适当限制，乃于康熙十九年（1680 年）议准：汉官非正途出身者，虽经保举，不准参与吏部考选。次年又定：捐纳、贡生不得与正途出身等同考选。为避免在考选中徇私隐情，对京官三品以上及总督、巡抚子弟，亦规定不准考选。康熙皇帝还针对上级官员在推荐保举属官中请托、结党等弊端，指示吏部议定：凡督抚滥将属官保题留任补用，或在京九卿等官保举官员"有贪婪事发者，均得将原保举官纠察处分"。又规定：凡定为"卓异"的官员，必须确定符合"无加派、无滥刑、无盗案、无钱粮拖欠、无亏空仓库银米、境内民生得所，地方有起色"[1] 等条件。此外，对任官的回避制度，以及原订的考成条规等，康熙皇帝也都做了进一步的充实和调整。

　　第三，严惩贪官。这是康熙皇帝澄清吏治的最重要一环。康熙九年（1670 年），康熙皇帝谕吏部曰："朕惟致治雍熙，在于大小臣工，悉尚廉洁，使民生得遂。内外满汉文武官员，

---

　　[1]　（清）文孚撰：《钦定六部处分则例》卷6，第 2 页。沈云龙主编：《近代中国史料丛刊》第 34 辑，第 332 册，台北文海出版社 1969 年版，总第 182 页。

各有职守，必律己洁清，屏绝馈遗，乃能恪共职业，副朕任使。近闻在外文武官员，尚有因循陋习，借名令节生辰，剥削兵民，馈送督抚、提镇、司道等官。督抚、提镇、司道等官，复苛索属员，馈送在京部院大臣、科道等官。在京官员，亦交馈遗。前累经严禁，未见悛改，殊违洁己奉公之义。兵民日渐困乏，职此之由。以后著痛加省改，断绝馈遗，以尽厥职。如仍蹈前辙，事发之日，授受之人，一并从重治罪。"[1]康熙二十年（1681年）八九月间，康熙皇帝巡视京畿，曾当着一些知州、知县的面训示道：尔等皆亲民之官，须忠勤守法，爱惜百姓，方为称职，若肆其贪残，贻害地方，国家必依法严惩不贷。康熙二十四年（1685年），康熙皇帝谕九卿等曰："官以清廉为本，如原任侍郎温代察库，不可谓无才，但以贪污，故凡所行，皆不足取，此皆由不知廉耻耳。"又谕曰："部院堂官，惟勤慎者能循分，不致生事。其专擅好胜之徒，特欲假公事以遂其私意耳，虽有才能，于国家何裨？"是年，九卿会议广东、云南秋审人犯。康熙皇帝说："今若法不加严，不肖之徒何以知警？此内贪官耿文明等正法外，其余正犯，俱照尔等所议完结。"[2]

康熙二十五年（1686年）二月，他在召见大计进京的引见官员时，专门表示了要"摈斥贪残"的决心。他还关照负

---

[1] （清）章梫纂：《康熙政要·论君臣鉴戒》，卷8，第164页。

[2] （清）章梫纂：《康熙政要·论贪鄙》，卷15，第293页。

责考绩的吏部等衙门：务须"重惩贪酷"①。有一次，康熙皇帝与在朝大臣讨论秋审人犯，他说："别项人犯尚可宽恕，贪官之罪断不可宽。"原因是"此等人藐视法纪"，"若法不加严，不肖之徒何以知警"。并命将所议贪官耿文明等"正法"②。康熙二十四年（1685年），刑部等衙门会审山西巡抚穆尔赛一案，康熙皇帝又指示：穆尔赛身为封疆大吏，"贪酷已极，秽迹显著，非用重典，何以示惩，应即行正法"。他还说："治天下以惩贪奖廉为要，廉洁者奖一以劝众；贪婪者惩一以儆百。"③为了鼓励人们纠参贪官，康熙皇帝还下旨重新恢复被辅政大臣停止了的"风闻纠弹之例"④。自康熙二十年（1681年）到康熙四十五年（1706年）的二十六年间，除忧免或因病解任者外，朝廷共解职、降革巡抚、总督四十八人，其中有二十六人与贪赃有关，占整个降革官员的一半多。说明康熙皇帝的惩贪，在很大程度上是说到做到了。直到康熙五十三年（1714年），康熙皇帝在谕大学士等诏令中还说："昔人有言，正朝廷以正百官；正百官以正万民。举贤退不肖，正百官也，二者不可偏废。如但举贤而不退不肖，则贤者知所勉，而不肖者不知所惩，终非劝众之道。惟黜退不肖

---

① 《康熙起居注》，康熙二十五年二月癸巳，第1430页。

② 《清圣祖实录》卷122，康熙二十四年九月辛巳。

③ 《康熙起居注》，康熙二十四年十一月戊午，第1386页。

④ 《清圣祖实录》卷131，康熙二十六年十一月乙未。

之员，则众人方知所戒，俱勉为好官矣。"①

第四，慎选官员。康熙三十二年（1693 年），耶稣会传教士白晋在给法国国王路易十四的一份秘密报告中，曾对康熙皇帝的选拔官员作有精彩的叙述。他说："在平息一切叛乱及辽阔的帝国实现和平之后，皇帝就立即致力于建立正常秩序，纠正在战争期间因一时疏忽而造成的偏差，制定严明的法律，保证国泰民安。为了达到这一目的，最为重要的是任命德才兼备的、忠诚老实的官吏担任朝廷及各省的要职。这时皇帝所主要考虑的，就是如何进行慎重的物色和挑选，以及使被确定的人忠于职守。"白晋还说："皇帝为了选拔重要官员，尤其是各省巡抚们所费的苦心，及为了监督他们行为而费的心机，达到了令人难以想象的程度。"②

在慎选官员方面，康熙皇帝认为："朕于政事，无论大小，从未草率。"简任督、抚，"必详加察访"③。又说：若"督抚居官清廉，则属员交相效法，皆为良吏"④。他还把州县官和巡抚、布政使等省级官员相比较，认为州县官劣，造成的危害不过方圆百数里；巡抚、布政使通同妄行，则合省都要遭殃。实际上，州县的很多私派，大抵皆由"督抚布按科派所

① （清）章梫纂：《康熙政要·论择官》，卷9，第198页。
② 参见马绪祥译：《康熙帝传》，载《清史资料》第1辑，第207、208页。
③ 《康熙起居注》，康熙二十三年十一月乙丑，第1250页。
④ 《清圣祖实录》卷243，康熙四十九年九月辛亥。

致"①。当然，作为吏治问题，不但督抚和下面州县官互为关联，而且还有京官和外官串联勾结的问题。为此，康熙皇帝提出：在大小臣工之间，大臣应为小臣的表率；京官和外吏之间，京官乃是外吏的榜样。他说：如果诸大臣都能清白正心，恪遵法纪，勤修职业，公而忘私，那么下面的小臣，自然会有所畏忌，不敢妄行了。康熙皇帝还利用外官朝觐、陛见、钦差回朝复命，以及他外出巡行的机会，了解考察官员的实政，务使心中有数，以尽力做到对他们能是非分明，奖罚适度。

第五，大力倡廉，表彰清官。倡廉与反腐是整饬吏治不可分割的两个方面，两者相辅相成，缺一不二。在康熙皇帝整饬吏治中，十分注重表彰清官的活动。康熙皇帝认为，澄清吏治，加强纠察、惩处贪酷固然十分重要，但毕竟是消极防堵性措施，因为危害业已造成，消除影响，平息民愤，往往要花很多时间，积极的做法是防患于未然。康熙皇帝说："从来有治人无治法，为政全在得人。"②康熙二十年（1681年）二月，广西巡抚郝浴陛辞请训，康熙皇帝又提出："为外官者，以爱养百姓，惩贪奖廉为要"，"务使德胜于才，始为可贵"③。康熙皇帝所说的"得人"，就是"德胜于才"的清官。康熙皇帝此种考察、奖励官员清廉的办法，显然要比单

---

① 《清圣祖实录》卷187，康熙三十七年正月壬寅。

② 《康熙起居注》，康熙十八年八月辛酉，第433页。

③ 《康熙起居注》，康熙二十年二月戊戌，第666页。

纯地追求钱谷盗案的做法，高出了一大截。

康熙皇帝大规模表彰清官，是在平定三藩之乱后。康熙二十三年（1684年）五月，康熙皇帝诏谕大学士等："凡居官以清廉为要"，命令在朝官员荐举"清官"。在康熙皇帝的授意下，九卿科道等官推举了直隶巡抚格尔古德、吏部郎中苏赫、范承勋、江南学道赵崙、扬州知府崔华、兖州知府张鹏翮、灵寿知县陆陇其共七人，作为官员中清正廉明的表率。康熙二十九年（1690年），吏部因为要从现任知县中挑选一些人担任科道官，康熙皇帝以"科道职任关系紧要"，再次谕令各官集议举赛。此次荐举的有青苑知县邵嗣尧、三河知县彭鹏、灵寿知县陆陇其和麻城知县赵苍璧。据推荐者们说：他们都是些"牧民有声""服官廉介"①的清官。

以上都是让在朝各官推举清官。其实真正了解地方官情况的，更多地还得仰仗督抚布按等官。所以在康熙四十年（1701年）十月，康熙皇帝要内阁移文给他认为居官清正的督抚如郭绣、张鹏翮、桑额、华显、彭鹏、李光地、徐潮等，命其将所属道员以下、知县以上"实心惠民，居官清廉者"，具折开送。或虽非辖下，但确为"伊等所灼知者""亦著列名奏闻"②。类似这样荐举清官的活动，也进行过不止一次。

康熙皇帝不但要各级大员荐举清官，他自己还亲自表扬

---

① 《清史列传》卷9，第3册，第644页。
② 《清圣祖实录》卷206，康熙四十年十月戊寅。

清官。据粗略统计，从康熙二十年（1681年）以后，经康熙皇帝亲口表扬为清官的就不下二三十人，著名的有山西永宁于成龙、汉军镶黄旗格尔古德、陆陇其、彭鹏、张鹏翮、李光地、汤斌、陈瑸、吴碘、张伯行、萧永藻、富宁安、赵申乔、施世纶等人。永宁于成龙在大计时曾被"举为清官第一"。康熙皇帝在于成龙入觐时，当面称许他："你是当今第一号清官。"后来他又向大学士明珠说："世间全才不易得，像于成龙这样的清廉之上，可称得上官员中的佼佼者了。"对于另一个汉军旗籍的于成龙，康熙皇帝说他："天性忠直，无交游，只知爱民。"又表扬彭鹏："你居官清正，不爱百姓钱财，以此养廉，胜于得银数万两。"他表扬张伯行："朕至江南访问，张伯行居官甚清，如此名声，颇为难得。"他还针对有人告讦张伯行一事说：这样的清官，朕不为保全，那么读了几十年书而为清官者，将何所倚恃而自安。

康熙皇帝表扬清官，旨在劝告众官员都要争做清官。他说：人能做好官，不但一身"显荣"还能"光宗耀祖"，否则"丧身辱亲，何益之有"①。把当好官、清官与个人名利和家族的荣辱联系在一起。他在向各级官员一次训谕中，说得更是清楚：你们出来当官，应把清廉放在第一位，"为清官甚乐"，百姓们不但在任上感激仰慕你们，离任以后还会追思建

---

① 张鹏翮：《遂宁张文端公全集》卷7，《杂记》。

祠常供。又说：百姓们虽然不聪明，却很难欺骗，官员的是非贤劣，都可通过他们之口扩散流传，故应时时警惕自爱才是。他在陕西时甚至说："尔等州县官不可贪受地方银钱，要存良心。"①康熙帝用百姓的毁誉，以至提出"要存良心"云云，来倡导大家当清官，真可谓到了苦口婆心的地步。

二、康熙晚年治吏的松弛

前面我们说过，康熙皇帝自平定三藩以后，曾为整顿吏治、惩贪扬清花费了相当多的心血，也取得了一定的成效。但这种势头，自康熙四十年代后期开始减弱，到进入五十年代，吏治每况愈下。造成康熙后期吏治逆转的原因十分复杂，它牵涉到清王朝政治、经济等各个方面，但从康熙皇帝晚年的为政之道来看，吏治的废弛确实也存在统治者施政过宽的因素。

康熙皇帝是个很注意探究历代王朝兴亡得失的一代有为君主。他曾目睹了明末以来因长年战乱而造成的社会残破、生产凋零和人们生活困苦的景况。为此，他制订了一些缓和社会矛盾，实施与民休息的方针。康熙皇帝说："从来与民休

---

① 光绪《绥德州志》卷6，《秩官志》，《政迹》。

息，道在不扰，与其多一事，不如省一事。"①他又说："抚御群臣百姓"，"与其绳以刑罚，使人怵惕文网，苟幸无罪，不如感以德意"。故要求臣下"临下以简，御众以宽"，企图造成一个适宜的太平盛世环境，"期与中外臣民，共适于宽大和平之治"②。应该说，康熙皇帝的这一做法，对于促进清朝前期的政治安定、生产恢复以及社会秩序的稳固，确实起到了一定的积极的作用。但是，随着清朝统治秩序的确立与稳固，贵族、官僚、大地主势力得到了长足的发展，各种腐败现象已经频有发生。在此情况下，还一味强调宽大和平，其结果只能纵容贪残、松弛政纪，导致政治动荡。遗憾的是康熙皇帝的治理方针是宽大平和，从而导致政治松弛，官员腐败。

愈到晚期，康熙皇帝宽容平稳思想就愈发严重。

康熙五十年（1711年）三月，康熙皇帝在一次谈话中说："治天下之道，以宽为本，若吹毛求疵，天下人安得全无过失者"。他还针对吏治中存在的问题时说："夫官之清廉，只可论其大者"，至一般送人礼物，接受"规例"之类，"亦不必究"③。他还说：即"廉吏""亦非一文不取"④。江宁织造曹寅建议裁省两淮盐课陋规银，康熙皇帝立即密批道："此一

---

① （清）章梫纂：《康熙政要·论君道》，卷1，第16页。
② 《清圣祖实录》卷153，康熙三十年十一月己未。
③ 《清圣祖实录》卷245，康熙五十年三月庚寅。
④ 《清圣祖实录》卷239，康熙四十八年九月乙未。

款去不得，必深得罪于督抚，银数无多，何苦积害。"①在另外一件朱批中，康熙皇帝又说："外边汉官有一定规礼，朕管不得。"②康熙五十三年（1714年）六月，当康熙皇帝刚刚处理完一件与王、公、大臣、太监有直接牵连的贪赃枉法案件后，便与大学士等大发其"今天下承平无事"，"治国之道，莫要于宽舒"③的议论。他还责备赵申乔、施世纶，说他们对下属管教太严，认为"天下凡事当中道而行"，"至驭下属，务以宽恕为本"④。康熙六十年（1721年），台湾爆发朱一贵反清事件，这本来与官场腐败有着密切的关系，可康熙皇帝却把它归之于陈瑸出任台湾道和福建巡抚时，办事过于认真所致。他在同年八月给江南提督高其位的朱批中说："凡武官不可责之过于清，如陈瑸之留祸于后官，以至台湾之反。"又说："其来自作大官者，须要得体，宽严和中，平安无事方好，若一味大破情面，整理一番，恐其事多而得罪者广。"⑤由此可见，康熙皇帝的宽大和平思想，已经超出一般为政的宽容之道了，甚至晚年他明知治吏太宽之弊端，也不想再改弦易辙了，这种求稳怕乱的执政思路，不但不能得来"天下太平"，反而使吏治更加松弛。

---

① 《康熙朝汉文朱批奏折汇编》第 1 册，第 135 页。
② 《康熙朝汉文朱批奏折汇编》第 7 册，第 739 页。
③ 《清圣祖实录》卷 259，康熙五十三年六月丙子。
④ 《清圣祖实录》卷 261，康熙五十三年十二月庚寅。
⑤ 《康熙朝汉文朱批奏折汇编》第 8 册，第 836 页。

康熙晚期吏治废弛，主要表现在如下三个方面：

第一，各级衙门政纪懈怠和行政效能低下。

康熙中期，对于官员懈怠和行政效能低下情况，康熙皇帝已有所觉察。有一次，他与大学士阿兰泰谈到在京各部院官吏办事情况时说："近日部中各官，凡事不行速结，惟务偷闲，入署未久即散，归家偃息，如此，则政事，有不壅积者乎。"① 到了后来，竟至逢到坐班之日，官员也"多有不齐"。有的政务，皇帝下旨叫九卿集议，他们也"彼此推诿，不发一言，或假寐闲谈，迟延累日"②，本来很快能办好的事情，非得拖延许久才能办成。京官如此，地方官也是一样。有的人虽经科举层层考试选拔，可到了州县衙门，竟然"迂疏不能办事"③。还有被分发到边远州县任职的，除每年年终到任所办理赋课和向下属分发粮饷外，其余时间都泡在省城，过着悠闲安逸的怠政生活。至于武官，也是纪律松垮，长年不涉足教场，训练骑射功夫。兵部考核官员，甚至闹出"操演鸟枪不用枪子，但取响声"，有"以中者为不中，以不中者为中"的大笑话。这种"时时只顾身家，刻刻只虑子孙"，什么"国家之安危，民生之休戚"，统统"毫不相关"④的现象，正是吏治废弛的典型表现。

---

① 《清圣祖实录》卷175，康熙三十五年八月辛亥。

② 《清世宗实录》卷11，雍正元年九月戊戌。

③ 《清圣祖实录》卷254，康熙五十二年三月庚子。

④ 李发甲：《澄清吏治疏》，见《皇清奏议》卷23。

第二，钱粮亏欠严重，财政状况恶化。

清初财政，经康熙前期朝廷大力整顿，本来已经好转，不但扭转了顺、康之际入不敷出的局面，而且府库年年都有积存。但到后来，由于官员政纪松弛，加上又缺少有力的监督，从州县到省官，愈来愈把挪移、侵欠钱粮不当一会事了。康熙五十二年（1713 年），康熙皇帝在述及各省官员承办钱粮征收情况时说，当时只有张鹏翮任浙江巡抚、马齐任山西巡抚，能全完七年钱粮，其余各省都未能"全完"[①]据雍正初年诏谕清理各省积久钱粮的统计，数额最多的是江苏，自康熙五十一年（1712 年）至雍正元年（1723 年），共欠库银八百八十一万余两，约相当于该省两年半的田赋额。其次山东逋欠三百余万两，浙江一百余万两，也很可观。至于剩下的省份，一般也逋欠十几万到几十万两。在地丁欠项中，向有官欠、民欠之分。官欠就是官员挪移拖欠，实际上很大部分是贪污了；民欠则属百姓没有缴足钱粮而拖欠下来的，雍正时，直隶巡抚田文镜说，所谓积欠，"半亏在官，半亏在役，而实在民欠者无几"[②]，可见主要责任在官。某些具体例子也足以说明这一点。康熙四十三年（1704 年），江宁织造曹寅受命兼理两淮盐政，在清查运司府库时，发现亏空银两八十余万两，究其缘故，"皆因御史怠忽，互相容隐"所致。

---

① 《清圣祖实录》卷 254，康熙五十二年三月庚子。
② 《宫中档雍正朝奏折》第 11 辑，第 285 页。

所谓"怠忽""容隐"，还不是通同作弊贪污。自康熙四十八年（1709 年）到六十年（1721 年）做了近十三年的山西巡抚苏克济，竟侵蚀亏空库银四百多万两，这还不包括他"诈骗富户、题官受贿及一切贪婪之事"①。这是当时揭发出来的各官员中亏空数额最大、最典型的案例。至于其他亏欠几十万两的督抚官员，也不在少数。督抚们搞侵吞，多与负责藩库的布政使等相勾结，"或以柔和交好，互相侵挪，或先钩致藩司短长，继以威制勒索，分肥入己"②，他们上下左右，互相关联，年复一年，亏欠再加亏欠，如此陈陈相积，府库变成纸面账，内囊却早已经空虚难支了。

第三，吏治败坏，贪风炽盛。

康熙四十八年（1709 年）五月，康熙皇帝在与大学士们的一次谈话中，曾发出"部院中欲求清官甚难"③的叹息。后来，在讨论四川、云南、贵州、广西等边远省份的吏治时又说："近闻四川官员惟学道陈瑸操守尚清廉，其余地方官横行加派，恣肆者甚多。"还说："今观此等官员但图以边俸速升，居官无一善者。"④其实类似四川等边远省份的腐败情况，在腹里地区也同样大量存在。当时官员搞贪污，最通常的做法就

---

① 《上谕内阁》，雍正五年八月十三日。

② （清）王先谦撰：《东华录·东华续录》3，上海古籍出版社 2008 年版，第 13 页。

③ 《清圣祖实录》卷 238，康熙四十八年五月丁酉。

④ 《清圣祖实录》卷 241，康熙四十九年三月戊子。

是借收钱粮之机，从重征收火耗。火耗本来就是一种额外派征，但因清朝官员实行低俸制，只靠正俸无法维持生计，所以康熙皇帝也沿用惯例，默许官员用火耗银作为日用补贴。他还多次表示，征收些微火耗乃寻常之事，并且说火耗加一加二便算清官好官。有的督抚还借此向皇帝请求，准许他收取规例银。山东巡抚李树德具折说："查得司道以下，州县官以上，向有年节、端午、中秋及生日、四季节礼，此项即出自火耗、羡余，历年已久。奴才莅任方始，尚未时逢年节，今奏明主子，或容奴才只收知府以上节礼，以为家口应酬之养廉，仍小心慎密。查其中或有不足信者，虽有馈送，奴才断不敢受。"① 既然皇帝开了口子，有的督抚还上折要求接受陋规，那么就很难控制下属各官不多征滥派了。

　　康熙后期，在征收火耗银中加三加四已属平常之事，多的可以加七加八。像四川有"地丁一两加至四五钱、七八钱者"②。山东、河南也是"火耗每两八钱"③。湖北条银通常用米折银征收，有的州县"于正项之外，有每石私加三四钱至一两不等"④。康熙四十五年（1706 年），工部尚书王鸿绪在一个密折中谈到，山西平遥某知县，全县除加火耗银加四加

① 《康熙朝汉文朱批奏折汇编》第 7 册，第 522—523 页。

② 陈瑸：《陈清端公文集》卷 4，《全川六要》。

③ 汪景祺：《西征随笔》，《西安吏治》。

④ 《康熙朝汉文朱批奏折汇编》第 2 册，第 462 页。

五，共派银一万八九千两外，又另为戏子派银一万六七千两，合起来等于是加九加十了①。另外像湖南省，也一向有加取火耗"视别省为独重"的惯例，再加上其他"无艺私征"，"计每岁科派有较正供额赋增至数倍者"②。很多地方，因官员征牧火耗无度而造成"民不聊生"或"流离转徙"。在浙江、山西、河南等省，还因此发生请愿告状，甚至聚众起事的。

康熙一代，地方官员还盛行"捐助"之风。这种"捐助"，名义上是官员们献出自己的俸禄，或动用陋规银，用以举办地方建设，赈恤饥困，以至协助军国所需，名目很多，实际上乃是借捐助为名，使私派、"勒派"更加合法化。像当时经常向皇帝具折报告"捐助"功劳的直隶总督赵弘燮，任职十七年，"库帑亏空"累累，继任赵弘燮的侄子赵之垣又提出捐银三十万两，实际却系"勒要属官银两进上"③。又如广西布政使黄国材，曾"捐己资三万余两"，于康熙五十三年（1714年）发愿修治桂林至梧州的七百里福江江道，结果经他承办的"捐谷事例"，却有"余银几及百万并无着落"④。还有像康熙五十五年（1716年）至六十一年（1722年）任山东巡抚的李树德，也是个搞捐助的活跃分子，可任职六年，亏空库银四十万。康熙皇帝曾说："今人礼物，多用金钱，或

① 《康熙朝汉文朱批奏折汇编》第1册，第586页。

② 《清圣祖实录》卷211，康熙四十二年二月丁亥。

③ 《清世宗实录》卷6，雍正元年四月甲子。

④ 《康熙朝汉文朱批奏折汇编》第7册，第492—493页。

取库银馈送，以致国帑亏空。"①后来雍正皇帝说得更明白，他曾对要求用"捐助"赈灾的新任山东巡抚黄炳说："尔奏欲各捐己资以为赈济，朕思尔等资从何出？势必仍取之于民，是赈民实以累民也。"②捐助是侵蚀库帑，派累百姓，又使官员能得到上司赏识的最有效办法，所以都争先恐后，致使官场腐败，民怨沸腾。

上面谈到的大抵是一些直接经管钱粮的地方官，至于朝廷京官，则多通过勾结地方官以间接得到好处。比如像户部，常借地方官奏销钱粮时做手脚，"不给部费则屡次驳回，恣行勒索"③。武官贪污的通常办法是吃空粮。雍正元年（1723年），雍正皇帝在给湖广总督杨宗仁的谕旨中说："天下绿旗兵丁，大率十分中有二三分空粮，为专阃大臣及将弁等所侵冒。"④有的官员为捞腰包，竟然到了伤天害理的地步。像黄河河工，这是康熙皇帝最为关心的大工程，并为此付出很多心血。可到了后期，河工败坏，经管官常将帑金工料克扣分肥，以致工程质量低劣。更有甚者，他们还故意把完好堤防扒开缺口，人为制造水患，"绝不顾一方百姓之田墓庐舍尽付漂没而有冤莫告"⑤。雍正初年揭发出来的贪赃数十万至上

---

① 《清圣祖实录》卷 242，康熙四十九年四月丙午。

② 《清世宗实录》卷 3，雍正元年正月庚戌。

③ 《清世宗实录》卷 4，雍正元年二月乙亥。

④ 《清世宗实录》卷 11，雍正元年九月辛卯。

⑤ 《宫中档雍正朝奏折》第 2 辑，第 911 页。

百万两的大案件，都是官员们钻了康熙皇帝为政宽平、多一事不如少一事的空子，通过上下勾结、互相串通的手法，公开或半公开进行的①。

总结起来，康熙晚年吏治废弛，与康熙皇帝在反腐倡廉的过程中所犯的一些错误有着一定的关系。

第一，康熙皇帝对吏治的整顿时紧时松，或严或宽，反腐倡廉在实施过程中缺乏相对的稳定性，这使得腐败分子心存侥幸，不愿意停手。

康熙晚年，康熙皇帝惩治腐败时松时紧，或严或宽，未能一贯始终。严时则说："法轻不足蔽辜，今若法不加严，不肖之徒何以知警？凡别项人犯尚可宽恕，贪官之罪，断不可宽。"宽时却又说："待臣下须宽仁有容，若必求全责备，稍有欠缺即行指摘，此非忠恕之道也。"②因此，康熙时期虽然从严惩处了不少贪污案，如康熙二十七年（1688年），陕西按察使索尔逊贪赃银一百六十两即被处绞，但也有许多更为严重的贪污案处理过宽，如甘肃布政使阿米达贪赃银六千七百余两、内阁学士宋大业贪赃银九千余两、松江提督赵珀贪赃银五万余两、川陕总督吴赫贪赃银四十余万两，这些重大案件，都仅以革职处分，草草了事。

---

① 参见郭松义主编：《清代全史》（第3卷），方志出版社2007年版，第276—281页。

② 转引白新良等著：《康熙传》，岳麓书社2015年版，第196页。

第二，对小贪听之任之，未能注意防微杜渐。

康熙皇帝容忍清官亦可稍有私派、加征，这与清初官吏的低俸制度有着一定的关系。一个正七品知县，年俸只四十五两，四品知府一百零五两，总督从一品，俸银一百八十两。如此低微的俸禄是与清初国力的微薄相适应的，康熙皇帝迟迟未能对这种制度作出调整，想以放宽私派、加征来缓解，这无疑为贪官开了方便之门。矢志为清官的人只好勉强维持素食粗衣的生活，有的还得从家里挪银子作帮衬。如陆陇其任嘉定县令，"薪水取给于家，夫人率婢妾以下纺织给鱼菜……粗粝共食"①。又如张伯行，"日用之物，皆取诸其家"。显然，这样当清官，实难让人效仿。康熙晚年，康熙皇帝对小贪听之任之。如康熙四十一年（1702 年），御史王度昭疏参户部尚书李振裕勒取属员贺寿礼物，吏部议革职，康熙皇帝却认为所收礼物仅一围屏，责吏部"以细故轻黜大臣"，并说："凡堂官受属吏围屏亦常事耳，即彭鹏、李光地、赵申乔皆称清吏，岂皆一物不受。"②康熙皇帝甚至认为："所谓廉吏者，亦非一文不取之谓。若纤毫无所资给，则居官日用及家人胥役何以为生，如州县官止取一分火耗，此外不取便称好官。"③"巡抚要节礼乃寻常之事，只须不遇事生风，恐吓属

---

① 刘献廷：《广阳杂记》卷 1，中华书局 1957 年版，第 9—10 页。
② 《清圣祖实录》卷 208，康熙四十一年闰六月戊戌。
③ 《清圣祖实录》卷 239，康熙四十八年九月乙未。

官，索诈乡绅富民，以司道为耳目，择州县之殷实者苛索财物，致亏空库帑，便是好巡抚"①。把维护政府门面形象奠定于私派、加征之上，在制度上就存在着明显的漏洞，而且势必越来越大，以致无法抑制。康熙五十年（1711 年），康熙皇帝对大学士等说："夫官之清廉，只可论其大者。今张鹏翮居官甚清，在山东兖州为官时，亦曾受人规例。张伯行居官亦清，但其刻书甚多，刻一部书非千金不得，此皆从何处来者，此等处亦不必究。两淮盐差官员送人礼物，朕非不知，亦不追究。"②康熙皇帝对小贪的姑息，意在养廉，其用心是良苦的，但此例一开，便很难把握，贪黩之门会越开越大，积重难返。这是康熙皇帝在世时所万万想不到的。

总之，康熙后期的政纪懈怠、吏治废弛，不但造成民生不安，引起社会矛盾的部分激化，而且也在一定程度上削弱了皇帝至高无上的统治权威，不利于清王朝统治的稳定。扭转局面，给清朝政权注入新的活力，打击朋党、整顿吏治已势在必行。

---

① 《康熙起居注》，康熙五十三年十二月壬辰，第 2138 页。
② 《清圣祖实录》卷 245，康熙五十年三月庚寅。

第七章　打击党争　驾驭监察

在传统君权社会中，皇权具有至高无上的地位，皇帝地位独立，势位独立，权力独操，决事独断，天下独有。如果大臣结党营私，公权私用，必为皇权所不容，朋党与皇权不两立。然而，因为利益攸关，利害所系，历代朋党之争不断。重者危害皇权，导致改朝换代；轻者影响稳定，妨碍政治治理。因此，打击朋党是历代君主政治举措中不可或缺的一项重要内容。康熙皇帝除了对已形成的朋党加以打击外，还对未形成的朋党从制度层面加以防范。如：严禁官员交结在内近侍人员；督抚司道官员赴任时不得谒见在京各官；京内外官员不得彼此馈送；凡结盟兄弟者，着即正法；外任州县官必须距原籍五百里外；凡王、阿哥差人赐属下外任官物件，该督抚即应奏闻；提拔知县，停止督抚保举，以免督抚以此示恩，拉党结派，等等。康熙皇帝打击朋党的真正原因不仅是因为朋党"窃人主之威福，夺天朝之权势"，而且还由于拉党结派者往往只顾集团利益，而"不以朝廷事务紧要、民生关系重大为念"，各党争斗，"附己者即为引进，忤己者即加陷害"，不利于统治集团的内部团结。因此，康熙皇帝打击朋党的措施客观上有利于国计民生，有利于减少统治阶级的内耗，有利于国家治理的顺利进行。

一、抑制朋党，加强皇权

鳌拜专权时期，康熙皇帝曾深受其苦，亲掌政权之后，开经筵日讲，颇为系统地学习了儒家经典和各种历史著作，对治国理政的认识进一步提高。

在康熙皇帝看来，大臣结党乱政，直接影响着国家的治乱安危，因而在康熙十六年（1677 年），康熙皇帝就谕大学士等说："人臣服官，惟当靖共匪懈，一意奉公。如或分立门户，私植党与，始而蠹国害政，终必祸及身家。历观前代，莫不皆然。在结纳植党者，形迹诡秘，人亦难于指摘。然背公营私，人必知之。凡论人议事，间必以异同为是非，爱憎为毁誉。公论难容，国法莫逭，百尔臣工，理宜痛戒。若夫汲引善类，不矜已长，同寅协恭，共襄国事，是又不可以朋党论也。"[1]

早在三藩叛乱期间，康熙皇帝即多次向臣下极论朋党之害，并反复告诫臣下不得欺罔君上，另立中心，结党营私。

---

[1]　（清）章梫纂：《康熙政要·论君臣鉴戒》，第 166 页。

康熙十六年（1677 年）七月，康熙皇帝召大学士等论朋党之害时，指出了"伐异党同，只顾集团利益"的朋党之弊。康熙皇帝还说："人臣服官，惟当靖共匪懈，一意奉公，或分立门户，私植党与，始而蠹国害政，终必祸及身家。历观前代，莫不皆然。"①并以历史上的经验教训，告诫群臣"理宜痛戒"。然而，树欲静而风不止，事情的发展并不以康熙皇帝的个人意志为转移，就在康熙皇帝反复告诫臣下不得结党营私之际，在他身边，以明珠和索额图为首的两支朋党势力已经开始形成，此后又有南北党争、皇太子储位之争，所有这些，都让康熙皇帝十分头痛，不得不采取措施进行治理。

1. 明珠与索额图的党争

康熙十八年（1679 年）七月，北京发生地震，康熙皇帝下诏求言。这时，左都御史魏象枢即向康熙皇帝揭露明珠、索额图两人"植党市权，排斥忠良"。由于当时平定三藩之役正在进行，兼之对明珠、索额图两人植党乱政，康熙皇帝尚不十分了解，因而，康熙皇帝只是下诏要他们自我修省，并且在修省诏书中略提大臣朋党徇私之事。虽然如此，两人并不悔悟，而是变本加厉，我行我素。这样，康熙皇帝不得不进行惩治朋党的斗争。

索额图，满洲正黄旗人，康熙初四大辅政之首索尼的第三个儿子。索额图的侄女又是康熙皇帝的第一个皇后、太子

---

① 《康熙起居注》，康熙十六年八月甲辰，第 319 页。

胤礽的生母。他的三个兄弟中，两个袭封一等公，一个授一
等伯，可谓出身名门，声势显赫。索额图很早就是康熙皇帝
的亲信，在策划擒拿鳌拜、清除鳌拜势力中，立下了汗马功
劳，很快由一等侍卫擢升大学士，赞襄机务，成为当朝大臣
中最大的实权派。聚集在索额图周围的，除其兄弟族人外，
还有像尚书介山，侍郎麻尔图、禅塔海、宜昌阿、额库礼、
温代、邵甘等，都是他的心腹。

　　索额图势力的急速膨胀，引起了康熙皇帝的警觉。康熙
十六年（1677 年）七月，他把户部尚书明珠提拔为武英殿大
学士，用以牵制索额图。明珠也是满洲正黄旗人，门第不高，
但却是个很有才能的人。康熙皇帝开始注意明珠，是在康熙
十二年（1673 年）正月于南苑检阅军队时。当时明珠刚出任
兵部尚书，因为调教得当，军容整肃，深得康熙皇帝的赞赏。
不久，在朝臣们讨论三藩并撤一事中，明珠与仅有的几人又
力排众议，主张撤藩，而与康熙皇帝的本意相吻合，但同时
也公开表露了他与索额图，在处理重大政事中的分歧。

　　出身和性格上的差异，使明珠跨入政坛中枢后，便与索额
图显示了不同的特性。据说索额图因"生而贵盛，性倨肆，
有不附己者显斥之"。明珠则"务谦和，轻财好施，以招来新
进"①。这样的一长一短，使明珠很快赢得了政治声誉。特别
是一些汉族大臣，更多倾心于明珠。

---

　　①　《清史稿》卷 269，列传 56，《明珠传》，第 42 册，第 9992 页。

康熙十八年（1679 年）七月，京师地震。左都御史魏象枢以"臣失职，地为之不宁"①，向康熙皇帝密陈索额图"预政贪侈"，"朋比徇私"不法事。次年（1680 年）八月，索额图被迫辞去大学士任。康熙二十三年（1684 年）三月，康熙皇帝又夺去索额图的内大臣、议政大臣和太子太傅等职衔。但索额图毕竟树大根深，要全面撼动并推倒他，并不容易，何况康熙皇帝因他办事"勤敏练达"②，还不时地要差遣使用。康熙二十五年（1686 年），索额图又授领侍卫内大臣。索额图及其党附的彻底垮台，是因依附教唆太子事发，康熙皇帝下令拘禁了他，并宣布"索额图诚本朝第一罪人"③以后，但那已经是康熙四十二年（1703 年）的事了。

康熙十九年（1680 年）到二十七年（1688 年），是明珠政治生涯中的鼎盛时期。他为了加强与索额图斗争的实力，在内阁与勒德洪、余国柱、李之芳，在各部院则有科尔坤、佛伦、熊一潇、王日藻、塞楞额、薛柱斗等人结党。此外，他还与入值南书房的高士奇、徐乾学、王鸿绪过从甚密。当然，不管是索额图或明珠，他们都为协助康熙皇帝巩固清朝的统治，作出了贡献。但是两派无穷无尽的争斗，不能不对国家的决策，以及吏治等等，产生消极的影响。当时，"中朝

---

① 《清史稿》卷 263，列传 50，《魏象枢传》，第 42 册，第 9907 页。
② 《清史稿》卷 269，列传 56，《索额图传》，第 42 册，第 9990 页。
③ 《清史稿》卷 269，列传 56，《索额图传》，第 42 册，第 9992 页。

士大夫，非阴自托，各有主张，宦不得遂"①，不找明珠或者索额图做靠山，就做不稳官，可见涉及面之广泛。

结党必然与营私联结在一起，营私又与贪赃枉法密不可分。这与康熙皇帝加强集权、整顿吏治是背道而驰的。江宁巡抚汤斌，因为没有满足明珠、余国柱的索贿要求，又不阿谀党附，竟多方遭到陷害排挤；勇略将军赵良栋，在平定三藩的战争中立下了大功，但因他曾弹劾明珠的侄子吴丹失误军机，深受忌恨，结果一直为所压制。康熙二十一年（1682年），朝鲜国使臣闵鼎重在北京就听到民间流传有"天要平，杀老索；天要安，杀老明"②的口头谚。这里的老索就是索额图，老明则为明珠，可见当时索额图与明珠的党争已经是朝野皆知。

康熙二十六年（1687年）冬，康熙皇帝在去遵化谒陵途中，听到直隶巡抚于成龙告发明珠、余国柱卖官纳贿等情弊。在此之前，康熙皇帝业已感到明珠权势过盛。于是，在皇帝的精心策划下，康熙二十七年（1688年）二月，御史郭绣以明珠等把持内阁票拟，结党排陷，定缺卖官，共八大款，上疏提出弹劾。终于，明珠也被罢去大学士职。内阁中同时遭到斥免的，还有勒德洪、余国柱、李之芳（休致回籍）。其余

---

① （清）李元度著：《国朝先正事略》卷1，岳麓书社2008年版，第288页。

② 吴晗辑：《朝鲜李朝实录中的中国史料》下编，卷3，中华书局1980年版，第4084页。

如吏部尚书科尔坤、户部尚书佛伦、工部尚书熊一潇，以及侍郎塞楞额、薛柱斗等，也都被革免。明珠集团的大失利，使索、明两派之间的实力，又相对地处于平衡，尽管双方的争斗，仍似明似暗地延续了相当长的时间，但形式和内容，都已有所变化了。①

2. 南党和北党之争

康熙朝统治集团的内部斗争，除了索额图和明珠之争外，还又有南党和北党之争。

南党指的是徐乾学、高士奇、王鸿绪、徐元文、王顼龄等人。因为他们都是浙江和江南苏、松人士，故谓之南党。

北党则为明珠附党，如科尔坤、佛伦等，均隶旗籍。南党的徐、高等人，原本亦依附于明珠门下。但随着他们政治上羽翼的日趋丰满，特别这些人又多入直南书房，作为皇帝的亲信，更是一般人所难以企望的，故终于能从明珠的羁绊中摆脱出来，自成一系。比如高士奇，最初因明珠推荐而进入南书房，可自此"权势日益崇"，竟至"明公转须向江村访消息"②。

南党与北党的明显冲突是在康熙二十四年（1685 年）间，户部郎中色楞额往福建稽查鼓铸，回京后疏请禁用明代旧钱。户部尚书科尔坤、余国柱等议如所请。康熙皇帝以户

---

① 参见郭松义主编：《清代全史》（第 3 卷），第 54—56 页。
② （清）赵翼：《檐曝杂记》卷 2，《高士奇》，第 36 页。

部定议征询内阁诸臣意见。正以内阁学士奉值南书房的徐乾学，考证了从汉至明的历代故事，认为"自古皆新旧兼行，以从民便，若设例禁，恐滋烦扰"①，竟把科尔坤等所定议决给否定了。

康熙二十六年（1687 年）九月，徐乾学由礼部侍郎接替丁忧回籍的王鸿绪为左都御史。此时，王、徐二人摸知康熙皇帝对明珠的态度已有所变化。为了进一步探明动向，他们以贪赃科派为名，先后上疏，参劾了与明珠等有牵连的广东巡抚李士桢和江西巡抚安世鼎。徐更公开劝诫诸御史"风闻言事"②，实际就是动员揭发明珠一伙所行的勾当。接着，徐乾学又在会议推举官员中，与科尔坤、佛伦等发生争执；在河工问题上，也表明了与北党的不同立场。南党的这种吵吵嚷嚷的做法，目的无非是向朝臣们表示，他们与明党无所瓜葛。因为当时，高、徐二人已得到康熙皇帝着令参劾明珠的密令，正在策划全面的倒明运动了。

明珠等人斥罢后，高、徐二人顿时威势大增，朝廷内外，竟致"畏势者既观望而不敢言，趋利者复拥戴而不肯言"③。这又是康熙皇帝所不能容忍的。因为他不允许前门刚赶走虎豹，后门接着出现豺狼。何况高、徐等代表的南党，都是汉

---

① 《清史列传》卷 10，《徐乾学传》，第 675 页。

② 《清史列传》卷 10，《徐乾学传》，第 679 页。

③ 《清史列传》卷 10，《高士奇传》，第 687 页。

人。让汉族文人来左右朝政，必然要触犯满族统治集团之大忌。恰巧于成龙等受命复审原湖广巡抚张汧行贿朝臣事得实。张汧本系明珠私人，案发时，因刑部侍郎色楞额巧为包庇，竟得到开脱。明珠劾罢后，才又调查定谳。张汧在供词中提到高、徐二人也接受了贿赂。于是，康熙皇帝便乘机解除了他们的现任官职。但为了弥补空缺，仍提拔徐的兄弟元文为大学士，又命高士奇、徐乾学留京负责修书事宜。

南党和北党之争，实际上是明党得势后，内部不同利益集团在争夺政治权势上矛盾激化的一种表现。当明珠为取得对索额图斗争的胜利时，曾以虚怀若谷的态度，广结天下名士。一时间，很多汉族士大夫都纷纷归依于他的门下。尽管如此，在明珠集团中，真正起支柱决策作用的，仍是像科尔坤、佛伦等一批满洲官员，这必然要招致汉族官员的不满。于是，一些自恃有才有能，又在政治土有强烈要求的江浙士大夫，便乘机而起，独树一帜。

由于南党和北党本属同根，南党攻讦明珠、或北党的贪赃营私诸弊端，又多与自身纠连在一起，甚至有过之而无不及。这就使得南党也处于极易受到攻击的位置。当然，还有重要的一点，在于南北党争中所表现出来的某种具有满汉之争的内容，不能不引起康熙皇帝的严重关切，并力加抑制。

自徐、高罢官后，朝臣中纠弹南党的题疏始终不断。康熙二十八年（1689 年）九月，左都御史郭琇再次上疏，纠劾高士奇及王鸿绪、陈元龙等人，促使高等三人休致回籍。十月，又因左副都御史许三礼的参劾，正在京师负责修书的徐乾学，也只好打道回乡了。到了康熙二十九年（1690 年），北党更全面发动反击。先由明珠外甥两江总督傅拉塔发难，罗织徐氏兄弟子侄交结地方、收受贿赂、仗势欺压等十五条罪状，要求朝廷严办。康熙皇帝虽诏令从宽免其审明，但徐元文亦因是罢官。接着康熙三十年（1691 年）初，山东巡抚佛伦借着鞠勘前任潍县知县朱敦厚贪赃一案的机会，再次把徐乾学牵连进去。与此同时，江南方面也紧紧拥护配合，由江宁巡抚郑端出面，弹劾休致在籍的王鸿绪和徐乾学子徐树敏。

北党的这种咄咄逼人于死地的做法，显然不符合康熙皇帝的意志。于是下诏严禁"伐异党同""牵连报复"[1]，刹住了这场无休止的争端。几年以后，除徐乾学、徐元文兄弟先已病故者外，其余如王鸿绪、高士奇，以及乾学弟徐秉义等，又陆续复官起用。这也是康熙皇帝为笼络江南地主士大夫所作出的友善姿态。

从索、明之争直到南党北党，反映了康熙年间统治集团内部之间存在的分歧和矛盾。康熙皇帝作为清朝的最高统治者，既反对这些无休止的倾轧，但同时又不能不面对现实，及时处理纷争。在一个接着一个回合中，他采取扶此抑彼等做法，掌握主动，保持了各利益集团之间的平衡。

自南北党争以后，在康熙一代，内阁中再也没有出现像

---

① 《清圣祖实录》卷 153，康熙三十年十一月己未。

索额图、明珠这样的权力人物。这说明康熙皇帝在抑制党争方面是做得成功的。他已牢牢地控制住了朝政。至于在康熙后期，诸皇子间为争夺储位而展开的激烈斗争，那又别有更深的缘故而另当别论了。①

3. 皇太子储位之争

康熙晚年，围绕着废立太子的问题，统治集团内部展开了殊死的搏弈。

康熙十四年（1675 年），康熙皇帝学习汉族统治者的嫡长子皇位继承制度，改变满洲贵族政权不立储君的传统，册立不满两岁的嫡长子胤礽为皇太子，并亲自为培养皇太子制定了一整套教育方针，在各方面对胤礽进行了精心培育。随着胤礽长大成人及太子党的形成，康熙皇帝与太子之间的皇储矛盾日渐尖锐。康熙四十七年（1708 年）九月，康熙皇帝被迫第一次废黜太子，但又于翌年（1709 年）三月复立。太子复立后，皇储间的矛盾依然存在，康熙五十一年（1712 年）十月，胤礽再次被废黜。

胤礽"专擅威权，鸠聚党与"，"肆恶虐众，暴戾淫乱"②。公然凌辱、殴打王公大臣，诸皇子也难逃他的欺凌，所以他在朝中日益孤立，反太子的力量早已暗中聚集，企图取而代

---

① 参见郭松义主编：《清代全史》（第 3 卷），方志出版社 2007 年版，第 56—58 页。

② 《清圣祖实录》卷 234，康熙四十七年九月丁丑。

之的皇子不乏其人。

康熙皇帝再立胤礽为太子，与胤禔—胤禩集团激烈争夺储位有着很大的关系。

胤禔作为皇长子，长期受到康熙皇帝的重用。他与胤禩相互倚重，同是反太子的核心人物。太子被废斥，胤禔立即图谋储位，遭到康熙皇帝斥责后，又改变手法，"请立允禩为皇太子"①，以此试探其父康熙皇帝的意向。他甚至还毛遂自荐，奏称："今欲诛允礽，不必出自皇父之手。"②

胤禔露骨地争夺储位，招致康熙皇帝的极大反感，痛斥他是"乱臣贼子，天理国法皆所不容者"③。随后胤禔令喇嘛巴汉格隆"用术镇厌"胤礽的事件被揭露，于是胤禔被"革去王爵"，"幽禁于其府内"④，从此退出政治舞台。

皇八子胤禩十分聪颖，办事能力强，善于与人交往，最初很受康熙皇帝的赏识，未满十八岁即被封成为贝勒。他反对太子，并极力扩大自己的影响和实力，在皇子及满汉大臣中很有声望。

康熙皇帝早已对胤禩反太子的活动感到不满，胤禔保举他为太子，更增加了康熙皇帝的厌恶和警觉，指出胤禩"妄

---

① 《清圣祖实录》卷236，康熙四十八年正月癸巳。
② 《清圣祖实录》卷234，康熙四十七年九月戊戌。
③ 《清圣祖实录》卷234，康熙四十七年九月戊戌。
④ 《清圣祖实录》卷235，康熙四十七年十一月癸酉。

蓄大志"，"谋害允礽"①，"乃允禩之党……伊等结党潜谋，早定于平日矣"②，并以他与相面人"张明德于皇太子未废之前，谋欲行刺"这一案件相牵连，将其"锁拿""审理"，最后"革去贝勒，为闲散宗室"③。

除去胤禔、胤禩急于图谋储位，遭到严厉打击外，皇三子胤祉、皇四子胤禛、皇五子胤祺、皇十三子胤祥也曾一度受到审查，但不久即"开释"。皇十四子允禵因为力保胤禩并无"妄蓄大志""谋害允礽"之心，康熙皇帝为之暴怒，拔刀相向，随即与皇九子胤禟一起被逐出乾清宫。这些零散的记载，透露出大部分成年皇子都已不同程度地被卷入储位之争的旋涡。

康熙皇帝最为震惊的是，康熙四十七年（1708年）十月，当他已暗示有可能复立胤礽的意向，并令群臣保举皇太子时，在大学士马齐及阿灵阿、鄂伦岱、揆叙、王鸿绪等人的带动下，大家竟然"独保允禩"④，而无一人保举胤礽，这显示出当时清朝统治机构中大多数人在储位人选上的向背，也充分表明胤禩的声望和实力，从而在一定意义上构成了对皇权的更大威胁。康熙皇帝后来所以说："二阿哥悖逆，屡失人心，

---

① 《清圣祖实录》卷234，康熙四十七年九月壬寅。
② 《清圣祖实录》卷236，康熙四十八年正月癸巳。
③ 《清圣祖实录》卷235，康熙四十七年十月甲辰。
④ 《清圣祖实录》卷236，康熙四十八年正月癸巳。

允禩则屡结人心。此人之险实百倍于二阿哥也。""此人党羽甚恶，阴险已极，即朕亦畏之"①，与此不无关联。这种情况的出现，成为康熙皇帝决定复立胤礽的一个重要原因。

康熙皇帝在二废太子后回忆道："朕前患病，诸大臣保奏八阿哥，朕甚无奈，将不可册立之允礽放出。"②这恰恰说明在当时举朝人心惶惶，政治局势出现不稳定征兆的时刻，康熙皇帝只有在胤礽、胤禩两人中选择一人为储君，才能比较有效地稳定局势，二者相权，他选中了已大失人心的胤礽。由此可见，康熙皇帝二立胤礽为太子的主要出发点，首先考虑的是如何更有效地维护自己的皇权，至于太子是否得人心，已退居到微不足道的地位。

康熙四十八年（1709年）三月初九日，康熙皇帝遣官告祭天地、宗庙、社稷，复立胤礽为皇太子。次日，授予册宝。并封皇三子胤祉、皇四子胤禛、皇五子胤祺为亲王；皇七子胤祐、皇十子胤䄉为郡王；皇九子胤禟、皇十二子胤祹、皇十四子胤禵为贝子。复立太子时，康熙皇帝为安抚众皇子，并对太子予以牵制，将大部分成年皇子分别封为亲王、郡王和贝子，胤禩也被恢复了贝勒的封号。客观上为众皇子进一步与太子相抗衡又创造了条件。

太子废而再立，不曾解决任何问题，皇帝与太子矛盾，

---

① 《清圣祖实录》卷261，康熙五十三年十一月甲子、乙丑。

② 《清圣祖实录》卷261，康熙五十三年十一月甲子。

太子与诸皇子的矛盾依然存在，甚至日益激化，太子再废的结局也就不可避免。

胤礽长期养成骄纵暴虐的性格以及迫不及待地抢班的野心，是积重难返，极难改变的。复立皇太子的数年间，对其所属内外人等的种种捶楚，不可胜计；他的侍卫也受尽折磨，溽暑期间，流汗执役，哭泣怨望。胤礽日常的饮食、服饰、陈设等物，都超过康熙皇帝。不仅如此，康熙皇帝还对复立的太子处处迁就，凡"伊所奏欲责之人，朕无不责；欲处之人，朕无不处；欲逐之人，朕无不逐；惟所奏欲诛之人，朕不曾诛。"①凡此种种，康熙皇帝都隐忍下来，不即发露，"因向有望其悛改之言耳！"

然而，康熙皇帝疑虑皇太子抢班夺权之心是绝不会轻易放下的。

康熙皇帝认为即使胤礽对自己虽没有异心，其属下却不乏奸诈野心之人，此类奸诈野心小人，生怕日后被诛，就会干出伤害自己"一世身名"的不测之事来，这是康熙皇帝所深深担心的。

同时，康熙皇帝更理解自己与胤礽之间的矛盾是不可调和的，彼此的对立，已给群臣造成莫大的精神压力。他说："今众人有两处总是一死之言，何则？或有身受朕恩，倾心向主，

---

① 《清圣祖实录》卷251，康熙五十一年十月辛亥。

不肯从彼，宁甘日后诛戮者；亦有微贱小人，但以目前为计，逢迎结党，被朕知觉，朕即诛之者，此岂非两处俱死之势乎！"父子之间围绕着以皇权为中心的无法调和的斗争，严重地影响着朝廷内部的安定与团结，使廷臣思想混乱，无所适从。于是康熙五十一年（1712 年）十月，康熙皇帝御笔硃谕诸王、贝勒、贝子、大臣等说："胤礽行事乖戾，曾经禁锢……乃自释放之日，乖戾之心，即行显露。数年以来，狂易之疾仍然未除，是非莫辩，大失人心……胤礽秉性凶残，与恶劣小人结党，胤礽因朕为父，虽无异心，但小人辈惧日后被诛，倘于朕躬有不测之事，则关系朕一世声名"，"如此狂易成疾，不得众心之人，岂可付托乎！故将胤礽行废黜禁锢。"①

胤礽再次被废后，并未打消东山再起的念头。康熙五十四年（1715 年）四月，清政府驱逐准噶尔保卫西藏之役开始后，他以矾水书写密信，通过医生转交正红旗满洲都统公普奇，让他保举自己为大将军，企图以此为阶梯，再被立为太子。由于胤礽是康熙皇帝唯一的嫡子，身为太子三十六年之久，在朝臣中还有一定影响，因而康熙五十七年（1718 年）正月，"翰林院检讨朱天保奏请复立胤礽为皇太子"②，康熙皇帝十分恼怒，将朱天保正法，对与此有牵连的一批人，分别处死、拘禁、革职、枷示。康熙六十年（1721 年），大学士

---

①　《清圣祖实录》卷 251，康熙五十一年十月辛亥。

②　《清圣祖实录》卷 277，康熙五十七年正月己巳。

王掞及御史陶彝等人"谓宜建储，欲放出二阿哥，伊等借此邀荣"①。陶彝等人被发往西北前线效力，王掞因已老迈，由他的儿子代替前往。至此，胤礽已经没有复立的任何希望。

胤礽与储位彻底无缘后，一废太子后逐步形成的胤禩—胤禟集团仍旧存在，并继续参与争夺储位的角逐，而且胤禩的声望与实力在众皇子中依然首屈一指。深受康熙皇帝信任的大学士李光地，（1717年）"目下诸王，八王最贤"②。

树欲静而风不止。

在再废皇太子后，胤禩力图再成气候。他与鄂伦岱、阿灵阿等结成党羽，加紧谋夺皇太子之位。康熙皇帝对胤禩的活动十分警惕。他曾说："胤禩因不得立为皇太子，恨朕切骨，伊之党羽亦皆如此。"康熙皇帝深深担心"后日必有行同狗彘之阿哥仰赖其恩，为之兴兵构难，逼朕逊位，而立胤禩者。若果如此，朕惟有含笑而殁已耳！"凡此种种，康熙皇帝深为愤怒，以致表示"自此朕与胤禩父子之恩绝矣！"③后来，康熙皇帝命宗人府将贝勒胤禩的俸银、俸米，及他属下护卫官员俸银俸米，执事人等银米，俱著停止。

胤禟在胤禩遭康熙皇帝打击之后，也逐步萌发了继承大统的野心，开始收揽人才，通过他们为自己制造舆论。礼科

---

① 《清圣祖实录》卷 291，康熙六十年三月丙子。
② 《文献丛编》第 3 集，戴铎奏折。
③ 《清圣祖实录》卷 261，康熙五十三年十一月甲子。

给事中秦道然说胤禩"为人宽洪大量，慈祥恺悌"①。传教士穆景远甚至对胤禩的亲信年羹尧说："胤禩相貌大有福气，将来必定要做皇太子的。"②胤禟本人也自我吹嘘："外面的人都说我和八爷、十四爷三个人里头有一个立皇太子，大约在我身上居多些。"③可是他比起胤禩在各方面都有较大差距，也不为康熙皇帝所重视。

胤禛在一废太子期间显示出迅速、准确地判断形势，善于揣摸他父亲康熙皇帝的心理，以及随机应变的能力，由反太子一变而为识大局、懂大体，为废太子说好话的人，使康熙皇帝对他产生一定程度的好感。此后他与胤禩集团逐步疏远，表面上不偏不倚，与世无争，希望以此进一步博得其父的好感与信任；另一方面，他却暗中网罗人才，扶植亲信，扩充实力，等待获取继位的时机。现存的《戴铎奏折》，集中反映了胤禛及其亲信谋求储位的策略、计划和手法。④

胤禛集团的实力并不雄厚，远不及胤禩—胤禟集团，其活动又十分谨慎、隐蔽，因而没有引起康熙皇帝及皇子们对他过多的注意和警觉，这为他出奇制胜取得皇位创造了极为有利的条件。

---

① 《文献丛编》第 3 集，允禩允禟案，秦道然口供。

② 《文献丛编》第 1 集，允禩允禟案，穆景远口供。

③ 《文献丛编》第 1 集，允禩允禟案，穆景远口供。

④ 参见郭松义主编：《清代全史》(第 3 卷)，方志出版社 2007 年版，第 264 页。

胤祥本是康熙皇帝的爱子，一废太子事件中，他也受到审查，此后长期遭到康熙皇帝的冷落，始终没有被封爵，他与胤禛的关系很密切。

胤祉在一废太子前，与胤禔同受康熙皇帝重用，他是唯一一个与胤礽较为亲近的皇子。一废太子期间，胤祉揭发胤禔令喇嘛厌魅胤礽的事实，为康熙皇帝解释废太子过去的恶劣行为找到了借口，从而扫清了复立太子的道路。二废太子后，胤祉成为年龄最长的皇子，地位显赫。他当然也"希冀储位"，不过他也自知希望不大。

二废太子后的十年，储位虚悬，诸皇子进一步拉帮结派，扩大实力，为争夺储位创造条件，储位之争愈益激烈，但也更为隐蔽。在此期间，康熙皇帝由花甲向古稀之年过渡，健康状况不佳。他在总结建储经验、考虑建储方式的同时，已将择储的目光逐步转向比较年轻的皇子。

经过废立皇太子一番激烈的、复杂的斗争，康熙皇帝已决意生前不再预立皇太子。康熙五十二年（1713年）二月，当大臣们向他陈奏立皇太子时，康熙皇帝深有感触地说："朕自幼读书，凡事留意，纤悉无遗，况建储大事，朕岂忘怀，但关系甚重，有未可轻立者。"他追述了皇太子胤礽结党谋权及其骄纵的经历后，向大臣们表白不复预立皇太子的心意。他说："宋仁宗三十年未立太子，我太祖皇帝并未预立皇太子，太宗皇帝亦未预立皇太子。汉唐以来，太子幼冲，尚保无事，若太子年长，其左右群小结党营私，鲜有能无事者……众皇子学问见识不后于人，但年俱长成，已经分封，其所属人员，未有不各庇护其主者，即使立之，能保将来无事乎？"①这是康熙皇帝在与诸皇子交锋中逐步认识到的深切的体会。

不过，康熙皇帝虽然决定不预立皇太子，却仍然在选择着合乎自己心愿的继位人。他说："太子为国本，朕岂不知，立非其人，关系非轻"。又说："今欲立皇太子，必以朕心为心者，方可立之，岂宜轻举"。这就是说，作为皇位继承者的太子，直接关系着清朝的前途和命运，因此，康熙皇帝一直把他的皇权放在重要地位。他心目中的继位人，必须是"以朕心为心"的人，即是要按照他的意旨行事，并要像他那样，具有为清王朝的绵延不绝，竭尽心力，孜孜求治的人。所以从康熙四十七年（1708年）废黜胤礽后，他就立意从德才两方面对诸皇子进行长期考察，从中选择合适的继位人。该年十月，他对诸皇子及众大臣说："朕宁敢不慎重祖宗弘业置诸磐石之安乎？迨至彼时，众自知有所倚赖也，此意极深，即朕亦不自喻，岂可遍喻众人乎！"②康熙晚年，他还曾降过旨："朕万年后，必择一坚固可托之人与尔等作主，必令尔等倾心悦服，断不致贻累于尔诸臣也"③。自康熙四十七年（1708年）开始，康熙皇帝就将自已经历的事和他的想法，

---

①　（清）赵尔巽等撰：《清史录》卷220，列传7，第33册，第9066页。

②　《清圣祖实录》卷235，康熙四十七年十月甲辰。

③　《清世宗实录》卷10，雍正元年八月甲子。

都一一记载下来，封固保存，尤其是继位大事，他绝不会掉以轻心。康熙五十六年（1717年）十一月，就在向诸子与大臣们剖白自己为巩固清王朝拼搏一生的血诚与苦衷时，康熙皇帝曾说："十年以来，朕将所行之事，所存之心，俱书写封固，仍未告竣，立储大事，朕岂忘耶。"① 就这样，康熙皇帝"以朕心为心者"为模式，在长期默默地遴选着最符合自己心意的继位人。

　　总之，康熙晚年皇子朋党争夺皇储严重地影响了清王朝高层政治的稳定，也使康熙皇帝痛苦万分，寝食不安。为了对付皇子朋党之争，康熙皇帝愤懑抑郁、心力交瘁，耗费了他后半生的大部分精力。当康熙五十六年（1717），皇室党争再度爆发时，康熙皇帝又气又急，大病了一场，此后身体一直未能恢复，终于在五年之后，含恨而死。一代英主康熙皇帝是中国古代帝王中屈指可数的佼佼者，他一生中建树颇多，功业煌煌，但唯独没能禁绝朋党。在诸皇子党争中，以皇四子党实力最强，其夺嫡的手段也最深沉，所以胤禛最后获得了成功，击败了其他对手，而登上了皇帝的宝座，成为清朝历史上有名的雍正皇帝。

---

① 《清圣祖实录》卷275，康熙五十六年十一月辛未。

二、推行密折，驾驭监察

中国古代帝王，为了强化自己的专制统治，大多采取严密措施控制在各级政权机构中任职的官吏，以期杜绝离心与不作为倾向。更有甚者，明代帝王还超出常规，建立锦衣卫，东、西厂等特务机构以监视各级臣工的言行举止。康熙皇帝在位期间，虽然不再使用前明特务机构的监督官员的方法。但是，却继续推行官吏定期考核制度，加强监察机构的权力，允许科道官员风闻言事以加强对各级臣工的控制。与此同时，他还另辟蹊径，创行秘密奏折，以开辟信息输送新渠道的方式加强监察工作，巩固了自己的统治。

首先，按照传统官吏考核制度，对各级官员进行定期考核。清室入关以后，即袭用明朝旧有官吏考核制度，实行京察、大计、军政，分别对京官、地方官员和武职官员加以考察。根据考核情况，分别升黜。四大臣辅政期间，曾经停行京察、大计，改行三年考满。这一制度的推行，使得官场风气迅速败坏，钻营奔走，弊不胜言。因而，康熙六年（1667年）正月，清政府又停考满，复行京察、大计。康熙皇帝亲政后，又进一步废除四大臣辅政时期推行的其他官吏考核升用办法，将之逐步纳入正轨。其中，除自康熙二十四年（1685年）以后不再进行京察之外，其他传统官吏考核办法都一直坚持到康熙朝末，从而进一步加强了对各级官员的控制。

其次，为了加强对各级官吏的控制，康熙皇帝还加大了监察机构的权力，允许科道官员风闻言事。四大臣辅政之初，为了保持政局安定，曾经下令："嗣后科道纠参，应注明身经目击或某人具揭字样。若审系情虚，即行反坐，诬揭之人亦反坐。"这一规定，使得不少科道官员噤若寒蝉。康熙皇帝亲政后，本着"从来与民休息，道在不扰。与其多一事，不如省一事"①的原则，对于言官解除禁令的要求一度置之不理。康熙十八年（1679 年），康熙皇帝也感到大学士索额图、明珠等权臣柄政，渐有尾大不掉之势，很希望科道官出面弹劾"大奸大恶"之人。因此，在科臣姚缔虞要求废除言事之禁后，康熙皇帝虽未表示同意，但却做出调整："嗣后科道官条奏，朕先行披览，仍面加详问。"同时，他也认识到"开言路，为图治第一要务"。为此，康熙二十六年（1687 年）四月，他先是下诏停止御门听政时科道官员侍班，以防其"自恐失仪，心切畏惧，以致亲奏者甚少"。而后，又于同年十一月诏谕复行风闻纠弹之例。禁令一旦打破，言路大开，科道官员一齐出动，抨击内阁大学士明珠一伙结党专权纳贿诸项不法行为。康熙皇帝了解情况后，撤换阁臣与部院堂官。一时之间，政治局面为之一新。由于从开放言路中深获其益，康熙二十七年（1688 年）六月，康熙皇帝又谕"科道官有条

---

① 《康熙起居注》，康熙十一年十二月戊午，第 68 页。

阵事，赴畅春园面奏"。康熙三十六年（1697 年）二月，康熙皇帝与皇太子允礽发生矛盾，康熙又诏谕科道官员"大破情面"，"自皇子诸王及内外大臣官员有所为贪虐不法并交相比附，倾轧党援，理应纠举之事"，"据实指参，勿得畏怯贵要，瞻徇容忍"。与此同时，他还要求科道官员纠参内外官员的一切不法行为，"嗣后各省督抚将军提镇以下，教官典史千把总以上，官吏贤否，若有关系民生者，许科道官以风闻入奏"。除此之外，每隔一段时间，或者遇到日月蚀、地震、星变，康熙皇帝还主动要求言官建言时政应兴应革，言事错误者也不予斥责处分，而仅是发还其本。康熙中期开始的言路开放，对于纠举各级官吏的不法行为，对于康熙皇帝统治的巩固都发挥了重要的作用。

再次，通过开辟信息输送新渠道，创行秘密奏折以进一步加强监察。清室入关以后，依照明朝旧例，将臣工上行中央文书分为题本、奏本两种。其中，题本奏报公事，用印；奏本奏报私事，不用印。在进本过程中，部院衙门及京官题本送至内阁，称为部本；京官奏本及外省督抚将军题奏本章皆送通政使司，由通政使司送至内阁，称为通本。内阁收到这两条渠道所进本章后，根据具体情况，分别翻阅并代替皇帝拟出处理意见，然后呈送皇帝审核。皇帝批阅后，则发回内阁，交六科发抄，分发有关衙门执行。如果发往外省，则由各省驻京官赴有关衙门领出，交驿发出。上述两种上行文书，虽对于信息输送作用重大，但也有不少弊病：一是题奏本章皆有字数限制，于所奏事件无法详细陈述；二是经过机构众多，且须有开载内容提要的帖黄和递送各个有关衙门副本的揭帖，极不利于保密；三是在呈送皇帝之前，需经内阁票拟；皇帝批阅后，又需由六科发抄，不但程序繁复，影响办事效率，更重要的是，还使最高统治者处理国务始终处于被动地位。同时，对于一些敏感问题，臣下上奏和皇帝下达谕旨，都不能畅所欲言，极不利于君主集权，并且也给内阁大学士弄权留下了空间。有鉴于此，康熙皇帝亲政之后不久，一种新的上行文书——奏折应运而生。奏折又称折子、奏帖，最初，只限于满官使用，只是用于请安、谢恩、庆贺之类，和国家政治生活并无太大关系。大约在康熙二十年（1681年）左右，中央官员开始以奏折奏报政事，使用人员也从满官扩大到汉官。其中，有的是有关机构和官员主动具折言事，有的则是应康熙皇帝的要求而具折汇报情况。所以使用这种文书形式，一是因其不需经由内阁翻译、票拟而径达御前；二是这种文书不像题奏本章那样有字数限制，而能详尽报告情况。这样，因为这种文书形式传递信息快捷而且详尽，自其使用之后，即有逐年增多之势。这表明，作为题奏文书的一种补充形式，奏折得到了统治集团的普遍承认并有了一定的发展。

康熙三十年（1691年）以后，在继续使用奏折的过程中，康熙皇帝进一步发现了奏折的保密性能并因此而使之得到更为迅速的发展。按照规定，清代题奏文书，无论通本或者部本，都要经过许多机构转递，而且，还因有副本、贴黄制度而极不利于保密。皇帝下达谕旨，也须经过传抄录副和多重机构转发始能到达执行机构或官员手中，失密的可能性往往较高。奏折由具奏机构或者个人直接面奏皇帝或者封章直达御前，经由皇帝以朱批形式下达执行机构以及官员，这就从根本上消除了其传递过程中失密的可能性。因而，从康熙三十年（1691 年）始，康熙皇帝即谕示一些臣工以奏折密陈政事。最初，被赋以这一权利的只是在外任职的少数皇室家奴和个别亲信臣工，如苏州织造李煦、江宁织造曹寅以及工部尚书王鸿绪等。如康熙三十二年（1683 年）六月，康熙皇帝谕苏州织造李煦：“凡有奏帖，万不可与人知道。”康熙四十四年（1705 年）又谕工部尚书王鸿绪：“京中有可闻之事，卿可密书奏折与请安封内奏闻，不可令人知道。倘有泄露，甚有关系。小心，小心。”康熙四十七年（1708 年）三月又命江宁织造曹寅：“已后，有闻地方细小之事必具密折来奏。”此类奏折及其朱批因系君臣、主奴之间秘密来往，往往是无话不谈。康熙皇帝既可通过奏折获取地方较深层次的情报信息，也可通过朱批不加掩饰地提出某些具体要求，使得执行官员易于领会和贯彻执行。因而，康熙四十年（1701 年）以后，一些地方官员也被授予密折奏事之权。具奏内容，除“四季民生，雨旸如何，米价贵贱，盗案多少”等“地方情形”外，刺探各级官员隐秘政声也是一个重要内容。如康熙四十九年（1710 年）十二月，康熙皇帝谕福州将军祖良璧了解“总督居官如何？”康熙五十二年（1713 年）七月，又以朱批密谕贵州巡抚刘荫枢"前任提督做官为人何如？写密折奏闻"。康熙五十年（1711年）初，皇、储矛盾再度激化。康熙五十一年（1712年）正月，康熙皇帝又诏令京中大臣如领侍卫内大臣、大学士、尚书、副都统、侍郎、学士，副都御史等三品以上大臣使用密折纠参"乱臣贼子""大奸大贪之辈"。因为此类奏折事关机密，康熙皇帝特别注意保密并制定了几条制度：一是具折人必须亲书密折或者由自己子弟书写。如于李煦、王鸿绪、曹寅等，则要求他们"亲手密密写来奏闻"。对于贵州巡抚刘荫枢，则谕示"已后凡奏折须尔亲手写来"。康熙五十五年（1716年）又谕："嗣后满汉文武大臣请安折子俱着亲自缮写封奏。若自己总不能写者，令各人子弟缮写。其令子弟所写者，将伊弟某人、伊子某人名字注写。若有启奏事件，即于请安折子内具奏。"二是坚持奏折自阅自批，以防泄密。如康熙五十四年（1715年）十月，康熙皇帝称："各处奏折所批朱笔谕旨，皆出朕手，无代书之人。此番出巡，朕以右手病，不能写字，用左手执笔批旨，断不假手于人。故凡所奏事件，惟朕及原奏人知之。若有漏泄，亦系原奏者不密。朕听政年久，未尝轻以语人也。"①三是绕过通政使司、内阁，另辟进折途径。外省奏折到京，或京官奏折，例诣"宫门"呈递以径达御前。如果康熙皇帝驻跸

---

① 《康熙起居注》，康熙五十四年十月丙寅，第2203页。

畅春园或秋狝木兰，则赴畅春园或热河行宫进折。奏事官员分由侍卫、太监组成，负责接折并转递御前。有时，康熙皇帝还专门召见外省官员进折人员，以核实真伪并询问有关情况。奏折批复后，也不经内阁、六科等机构而是径交兵部捷报处由驿发出，交有关官员执行。由于采取上述诸多措施，康熙时期，虽然具奏人员一再增加，但是奏折传递一直畅通无阻。同时，也很少发生泄密情况，从而进一步加强了对各级官员的监察和对全国情况的了解。

在利用奏折加强监察工作的同时，康熙中期以后，康熙皇帝还允许外地将军、督抚、提督、总兵等同中央部院官员一样，凡遇紧急、重要、疑难事件，使用奏折，绕过通政使司、内阁，直抵御前，请旨处理。由于此类奏折使得康熙皇帝能在地方官员正式题本之前预先了解地方情形，可以预为部署或者就如何决策有一个与地方官员互相商讨的缓冲时间，因而得到了康熙皇帝的赞赏和提倡。康熙四十年（1701年）以后，遂在地方官员中普及开来。其大致程序是，地方重要、紧急、疑难事务，大多先由督抚提镇等地方官吏具折向康熙皇帝请旨。朱批允准后，再正式具题并咨知关系部院，完成公文批准手续并正式执行。不久，对于一些情况紧急的奏折，如果待朱批允准后再正式具题，将会贻误时机。康熙皇帝则径将奏折交阁部议行或者直接敕部遵行，从而使其与题本一样具有正式公文作用。康熙五十年（1711年）以后，此类奏折在数量上大有超越中央部院奏折请旨和亲信臣工家奴奏折之势，并与上述两类奏折一起构成了奏折的主要组成部分，对于康熙皇帝较快地获取地方信息，对于监察工作的加强和中枢决策准确程度的提高，都发挥了重要的作用。

因为奏折输送信息快捷，而且较为真实，有利于保密，同时也使康熙皇帝在监察臣工动向、获取信息和中枢决策中都处于主动地位，因而，自其实行之后，在康熙皇帝心目中，奏折地位不断提高。为此，他多次谕示臣下具折言事，批评不具折言事的官员，反复强调使用奏折的意义和作用。如康熙五十一年（1712 年）正月，他即谕令京中三品以上各官："朕为国为民，宵旰勤劳，亦属分内常事。此外所不得闻者，常令各该将军、总督、巡抚、提督、总兵官因请安折内附陈密奏。故各省之事，不能欺隐，此于国计民生大有裨益也。尔等皆朕所信任，位至大臣，当与诸省将军、督抚、提镇一体于请安折内，将应奏之事，各罄所见，开列陈奏。所言若是，朕则择而用之；所言若非，则朕心既明，亦可手书训谕，而尔等存心之善恶诚伪，亦昭然可见矣。""尔等果能凡事据实密陈，则大奸大贪之辈，不知谁人所奏，自知畏惧，或有宵小班主窃卖恩威者，亦因此顾忌收敛矣。"又如康熙五十五年（1716 年）十月，他又谕示大学士等："朕令大臣皆奏密折，最有关系，此即明目达聪之意也。其所奏之事，或公或私，朕无不洞悉。凡一切奏折，皆朕亲批。诸王文武大臣等知有密折，莫测其所言何事，自然各加警慎修省矣。"康熙五十六年（1717 年）十一月，他又谕示："大臣乃朕股肱耳目，所闻所见，即应上闻。若不可用露章者，应当密奏。天下大矣，朕一人闻见，岂能周知。若不令密奏，何由洞悉。""令人密奏，亦非易事，偶有忽略，即为所欺。朕听政有年，稍有暧昧之处，皆洞悉之。人不能欺朕，亦不敢欺朕，密奏之事，惟朕能行之耳。"①康熙五十七年（1718 年）十一月，他又谕示大学士等："朕从前屡谕诸臣及科道官员，各省有应行奏闻事件，随闻随即缮折具奏。非令其纠参，不过欲知之早耳；朕虽闻之，亦不即声明。或未详确，亦不即治罪也。""嗣后，九卿大臣科道官员，凡有关系地方事务及官员贤否，有闻即缮折具奏。若所闻未确，不妨即以所闻未确之处，一并声明。"总之，在康熙皇帝看来，奏折的作用在题奏本章之上。正是基于这种认识，康熙后期尤其是康熙五十年（1711 年）以后，奏折数量急剧上升并且在国家政治生活中发挥了十分重要的作用。

经由康熙皇帝的提倡，康熙后期，奏折使用范围及其数量虽然有了较大的发展，但是，总的看来，仍然处于早期发展阶段。第一，就输入信息总量而言，主要成分仍是题奏本章，奏折仅居附庸地位。第二，除个别奏折因为内容重要、紧急而交部议行外，多数奏事请旨奏折，仍需具题。也就是说，终康熙一朝，奏折并未取得上行文书的合法地位。第三，由

①　《康熙起居注》，康熙五十六年十一月丙子，第 2464 页。

于奏折处于始创时期，各种规章制度并不健全。即以接折机构而言，有时是奏事官员，有时又由内阁接折，并不统一。其他如奏折录副、存档、缴批制度也都没有建立。只是到了雍正时期，奏折制度才正式形成并在国家政治生活中发挥了更加重要的作用。[①]但总的看来，康熙时期所建立的密折制度，取消了从明代以来一直相沿的、通过内阁以联结君臣之间的公文往来，使皇帝可以更多、更直接地获取信息，提高了朝廷的决策效率，同时也强化了君主的权力，这对于维护与巩固君主统治无疑具有积极的意义。

---

① 参见白新良等著：《康熙传》，岳麓书社 2015 年版，第 165—169 页。

第八章 御门听政 请训陛见

御门听政、请训陛见都是康熙皇帝加强皇权、操控官员、提高治理效率所采取的有效办法。一方面，康熙皇帝鉴于三藩的教训，很看重地方大吏的陛见请训。通过此行，既可借以考察疆吏们的在任治绩，了解各地民情；也是为了要加强皇帝的权威，使这些兵政在握的封疆大吏，心知敬畏，不致藐视朝廷，不敢妄萌邪念，专权跋扈。另一方面，康熙皇帝在位六十一年，御门听政成为常朝制度。康熙皇帝的御门听政，内容主要有：对国政发出垂询，颁发谕旨或对重要国事做出公开安排、审理；听取各部院大臣、九卿、地方督抚陈奏各地政务；与内阁大学士、学士共同商讨国家要政，处理进呈折本；考察、任免重要官吏，召见述职或陛辞之官员。通过御门听政，以康熙皇帝为代表的清朝中央集权统治进一步巩固。可以说，御门听政是维护国家统一、发展社会经济、安定民心、整顿吏治的重要保证。通过御门听政与请训陛见，清代的中央集权得到了较好的巩固与发展。

一、坚持御门听政制度

御门听政，是指中国古代皇帝临朝公开听取奏报，处理政务的一种制度。在清朝，则是专指皇帝每日御乾清门，听部院各衙门臣工面奏政事，并咨询政务、披览奏章、颁发谕旨，部院衙门各官员齐集或分班启奏的制度。清代御门听政之制，始于顺治皇帝，至康熙朝，更加完善、严格。每日清晨，诸臣奏事，均俟集左门外，预将报单交乾清门值日侍卫班领。届时，皇帝御乾清门，升座，各部奏事毕，侍读学士两人诣奏案前，奉各部奏函以退，学士一人捧折本函恭设于案，启函依序奏启。后来又根据具体情况和季节变化，分别将乾清宫东暖阁、懋勤殿、瀛台勤政殿，以及畅春园澹宁居、南苑东宫前殿设为御门听政的场所。如康熙早年，每逢夏日，常避暑瀛台，因而听政地方就改在瀛台勤政殿。康熙二十六年（1687 年）以后，康熙皇帝常驻畅春园，因此，这里也就成了他的另一个主要听政地点。

平定"三藩之乱"前，军务繁重，局势不稳，康熙皇帝"昧爽视事，惟恐有怠军务，孜孜不遑"，听政时间始于每日黎明，结束于辰时之前。以治国兴邦为己任的康熙皇帝每日未明求衣，辨色视朝，于凌晨赴乾清门听取部院各衙门官员面奏政事，颁发谕旨，"盛暑祁寒未曾稍辍"。每逢另有祭祀或其他活动，更是将时间提早，御门听政却并不推迟。例如康熙十四年（1675 年）十月初三日，为孝庄太皇太后诞辰，凌晨，康熙皇帝先率诸王一行去后宫恭贺圣诞，"礼毕，回宫，少顷，御乾清门"，待诸臣奏毕，听政结束，方至辰时。

即使外出巡幸，各部院每日照例陈奏，由内阁专使专程转送。鞍马劳顿之余，康熙皇帝仍不间断听政及处理折本，避暑山庄及各地行营都成为临时听政场所。白天巡视地方民俗、百姓生业，夜间披览奏章，黎明听政。如康熙四十五年（1706年）六月间，他北巡视边，途中仍于辰时御行宫听政。不仅严格审阅各部折本，并随时向进奏官员询问"沿途田禾美恶及黄河情形"。康熙五十四年（1715年）二月二十六日，他出巡霸州返回京城南苑，当日下午即"御行宫，召满汉大学士、学士、九卿大臣"前来奏报，并与诸大臣详细讨论当年会试之事。

康熙皇帝的御门听政形成了清朝中期以前严格有序的宫廷早朝制度。他不仅自身多年坚持"昧爽视事，无有虚日"，对早朝官员的要求亦十分严格，亲自规定了早朝制度："满汉大小官员，除有事故外，凡遇启奏事宜，俱着一同启奏。其无启奏各衙门官员，亦着每日黎明，齐集午门前，俟启奏毕同散。都察院堂官及科道官员，无常奏事宜，俱着每日黎明齐集午门。查满汉部员、官员有怠惰规避者，即行题参"[①]，并称"官员无故不到者，皆罚俸一月，诈称上朝者，罚俸一年"。

---

① 《康熙起居注》，康熙二十一年五月丙午，第850页。

由于每日御门时间过早，大多数朝臣难以适应，遇风寒雨雪，远道或老年体弱者更是深感不便。大臣们多次提出"分启奏之班，停齐集之例"的陈请。一些大臣甚至建议仿效先制，将御门听政改为三或五日一次，并将时间推迟，认为"自古君王从无每日亲御听政，即使定期视朝，也未如此早的"。但平定"三藩之乱"前，康熙皇帝并不为所动，不仅始终坚持惯例，而且还与大臣们要求相反，有时还为政务所迫，一日两次御门，商议紧急政务，召见封疆大吏，或颁布重要谕旨。康熙十八年（1679 年）七月十八日，京师地震，已听政回宫的康熙皇帝立即命传内阁九卿各官"入乾清宫，面奉上谕"。康熙十九年（1680 年）五月，为整饬吏治，康熙皇帝一日三御乾清门，齐集部院各衙门"掌印不掌印各官"，"各抒己见，即行陈奏"。康熙二十二年（1683 年）十月，为复核当年秋决重犯，他于巳时再御内殿，听取大学士面奏，并颁布谕旨。他甚至要求改每日一次听政制度为"九卿诸臣一日两至乾清门，有应商议之政，以便咨询"，在内阁大学士、九卿的一致反对下，只得作罢。

随着"三藩之乱"被平息，军务稍事减缓，长期紧张的政治局势亦得到初步改善。在大臣们的请求下，康熙二十一年（1682 年）九月，康熙皇帝决定对黎明进奏时间稍作变更，将御门听政与经筵日讲时间调换，"每日御朝听政，春夏以辰初刻，秋冬以辰正初刻为期"，以减轻"庶僚早起风寒之累"。康熙皇帝并决定减免年力衰迈、身患疾病官员入奏。但同时强调："九卿、詹事、科道、原系会议官员，仍每日于启奏时齐集午门。"从此，辰时听政成为清朝的基本御门时间。康熙皇帝深知勤理朝政的重要性，康熙二十三年（1684 年）五月，他拒绝了大臣关于减少御门的建议，严肃谕曰："致治之道，务在精勤，励始图终，勿宜有间……若必定三日、五日，以为奏事常期，非朕始终励精之意也。"

每逢政务紧迫，年节亦被淡化，甚至临时改变年终封印日期。康熙十八年（1679 年），地震、旱灾严重。康熙皇帝每日御门听取各地官吏奏报，下旨紧急赈济。同时严敕各地官吏全力救灾。整个十二月，康熙皇帝十数次于听政时商研赈灾事宣。虽依旧例已于十七日封印，但康熙皇帝照常御门，曰："今虽封印，若言官有事条陈，仍听来奏。"至除夕，康熙皇帝仍御门未停。大学士徐元文等奏请："上因直隶一隅睿念焦劳，未尝少释。虽当岁末，日亲政事无异平时。臣等皆悚惧不宁……臣等以明日元旦，其疏今晚始停送进。"康熙皇帝则答曰："仍照常送进。"

御门听政是康熙皇帝亲政后为建立新的朝政秩序而实行的一套严格、完整的君臣理政制度，正如他所自陈："朕三十年来，每晨听政，面见诸臣，咨询得失，习以为常。"[1]"三十年来，无日不见诸大臣，共相咨议。"[2]康熙皇帝数十年"躬

① 《清圣祖实录》，康熙二十九年十月壬戌。
② 《清圣祖实录》，康熙二十九年十月己未。

亲庶政，宵旰弗遑"孜孜不已"的作风，证明了他建立强大的清王朝的决心与能力，深得朝野敬佩，成为康熙一朝的朝政风气的表率。

按照惯例，每天清晨，各部院尚书、侍郎等奏事官员皆须赶至听政之处，将本部日常事务上奏皇帝。有些问题康熙皇帝当时就做出决定，令有关部门具体贯彻执行。遇到重要问题，康熙皇帝要当面询问细节，征求各方见解，并令有关部门再作调查商议。如康熙四十五年（1706 年）四月十二日，大学士等会同户部奏上有关钱价甚贱，需要平抑之事。康熙皇帝当即做出和平收买，并将贩钱抬价者治罪的决定。同年十月，为拿获贩卖大钱人贩一事，刑部侍郎鲁瑚与九门提督陶和气发生争执，并于康熙皇帝听政时面奏请旨。康熙皇帝让两人充分述说理由后，严厉指斥刑部"真为悖谬"，并将该案交给都察院办理。除口奏外，许多重要、复杂或需要保守机密的事，各部要具本奏上，待面奏完毕，由大学士们处理。其他如九卿、詹事、科道、三法司诸官吏，有时也参加听政时的面奏。其中尤以九卿最为活跃。九卿，就是吏、户、礼、兵、刑、工六部的尚书，加上都察院左都御史、通政使和大理寺卿的合称，他们有时为各地的重要事情面奏汇报，更多的是准备回答皇帝的有关询问，或奉皇帝的旨意一起商讨有关公务。与各部院衙门官员面奏政务相比，参与朝政更多的，对康熙皇帝听政影响更大的，是皇帝身边的内阁大学士、学士们。每天各部官员启奏完毕，陆续退下后，他们留在案上的奏章被内阁的侍读学士取走，接着便由另一位读本满学士捧来当时需要大学士、学士们面奏的本章，也叫作折本。折本是康熙皇帝事先选出，需要与大学士、学士们商酌的各部进呈之本章，重要性和机密程度都高一些。这些本章大多已经由学士们作了初步批示，即经过了"票签"。御门处理折本，就是皇帝与大学士们一起切磋票签的内容。经过商讨和修改，确定出最后的票签结果，由康熙皇帝用朱笔批出。如康熙五十四年（1715年）二月二十六日，皇帝与大学士温达、松柱及学士周士璁等先后议论时政、处理折本达十八件之多。大学士们请旨诸事大多由康熙皇帝决断定夺。

康熙皇帝御门听政的内容十分丰富，主要有对国政发出垂询，颁发谕旨或对重要国事做出公开安排、审理；听取各部院大臣、九卿、地方督抚陈奏各地政务；与内阁大学士、学士共同商讨国家要政，处理进呈折本；考察、任免重要官吏，召见述职或陛辞之官员。通过御门听政，以康熙皇帝为代表的清朝中央集权统治进一步巩固。可以说，御门听政是维护国家统一、发展社会经济、安定民心、整顿吏治的重要保证。[①]

据有人统计，康熙皇帝时每年从地方或各部院进呈的题本，平均当在万件上下，通过御门听政讨论的折本约四百件，占整个题本总数的4%，虽然比例不大，但都属于较难定论的

---

① 参见白新良等著：《康熙传》，岳麓书社2015年版，第28—31页。

大事疑案。从讨论结果来看，大概 25% 维持内阁"草签"原议，25% 由大学士或有关部门再行察议具题，50% 根据讨论结果重加票签后，下发执行，可见御门听政、议政，并非徒具形式。①

二、重视外官的请训与陛见

根据清政府的规定，外官文职督抚藩臬以上，武职提镇以上各官员，每当升转调迁或任职至一定期限，均得奏请陛见，目的是向皇帝述职请训。另外，一些奉旨外出办事的钦差官，亦行前例需"请旨"，回归以后要"复命"。

康熙皇帝鉴于吴三桂、耿精忠等人因"不令来朝，心生骄妄，以致反叛"的教训，很看重地方大吏以及提镇等武职的陛见请训。他说："常来朝见，则心知敬畏。"② 通过陛见请训，一方面可借以考察外官的在任治绩，了解各地民情；另一方面也是为了要加强皇帝的权威，使这些兵政在握的封疆大吏，明了朝廷法度，不敢妄萌邪念，专权跋扈。

康熙皇帝召见入觐官员，一般利用御门听政的机会在乾清门进行，有时也安排在景山前殿、瀛台勤政殿或保和殿。

① 参见郭松义主编：《清代全史》（第 3 卷），方志出版社 2007 年版，第 46 页。
② 《康熙起居注》，康熙二十二年四月乙亥，第 980 页。

驻跸西郊畅春园时在澹宁居，承德避暑山庄在澹泊敬诚殿。康熙前期，皇帝召见入觐官问话之前或以后，往往要在宫中赐食，有的更特赐鞍马、撒袋、银两等以示恩宠。至于召见的内容，除一般勉励告诫性话语以外，还要问及地方生业民情和有关官员的情况。比如康熙二十一年（1682年）二月十四日正午刚过，康熙皇帝御保和殿召见入觐请旨官员直隶巡抚格尔古德、江宁巡抚余国柱。在此之前，先在殿赐食，然后命余至御座前告谕道："江南钱粮浩烦，民居稠密，朕知尔才能，特简斯任。尔务以敬慎持躬，清廉率属，以副朕爱惜斯民之意。"待余奏对后，又叫格尔古德近前进行告诫，并把他单独留下，询问还有什么奏请，又谕令他到任以后，要严查凶恶庄头，务期惩创①。

在《清圣祖实录》和《康熙起居注》中，曾记载康熙皇帝两次召见汤斌的情景。一次是汤斌由内阁学士出任江宁巡抚时，康熙皇帝在乾清门赐食后，君臣二人曾就江苏民风、吏治、钱粮等事，作了很多交谈。汤出官时，康熙皇帝又命侍卫传谕："临行之日，仍令入朝，更有谕旨。"并特赐白银五百两，表里十端，鞍马一匹。第二次是康熙二十五年（1686年）闰四月，汤斌由江宁巡抚内迁任礼部尚书掌管詹事府事，到京后入觐请旨。康熙皇帝除赞扬汤一能"洁己率属，实心任事"外，还问了很多地方上的事，如"江苏风景如何？""一

---

① 《康熙起居注》，康熙二十一年二月壬辰，第825页。

路风景如何？""江苏风俗如何？""司中有好官否？""总督王新命如何？""操守能仿佛于成龙否？""今直抚于成龙如何？""往日闻吴中乡绅多事，近日如何？""有博学好古之人否？""下河开海口事如何？"等等。

通过上面的两个例子，可以大体了解康熙皇帝召见入觐官员的情况。

钦差官在授命出京前的觐见请旨，除聆听皇帝就所交办的事务作出指示外，也得奏报他们的安排打算。比如康熙二十二年（1683 年）十一月，吏部侍郎杜臻、内阁学士席柱奉差往福建、广东调查开海展界事，面请谕旨。康熙皇帝指示说："迁移百姓甚为紧要，应察明原业，各还其主。可传谕该督抚，务令安插得所。一切事宜，可与将军施琅会商。"当杜臻回答说，此事先经广东总督吴兴祚陈奏，他们拟先去广东时，康熙皇帝又以为何作此安排？是否还去琼州察看等等，做了询问。前述杜、席二人于次年七月返回京师复命。康熙皇帝在召见时，一面听取了他们的报告，一面不时发问："尔曾到广东几府？""百姓乐于沿海居住者，原因可以海上捕鱼之故，尔等明知其故，海上贸易何以不议准行？"同时又详细地问到广东、福建两省和途经江苏、浙江、江西等省所见的人情风俗、稼禾长势，文武任官职守、黄河河工，以及澳门"夷人"动向等，涉及之面是相当广泛的。

通过"请训""陛见"，同时也加强了康熙皇帝对任职官员的了解与及时调整决策。如康熙三十七年（1698 年）十一月，康熙皇帝召见新任盛京工部侍郎苏赫纳，见其"矫饰容貌，倨傲自大，持论颠倒"，命撤回原翰林院学士任，"试令办事"。京口左翼副都统邵凤翔，亦因"衰迈已极"[①] 而同时解职。康熙四十五年（1706 年）十月，吏部保举工部郎中安达礼为甘肃布政使，入觐后，康熙皇帝也因他"年老衰惫"，不克重任，令吏部"另简人引见"[②]。对于提镇等武官，康熙皇帝在召见问话后，还常命其随围射猎，目的是考察这些人的身体素质和武功根底。

对于一般中下级官员，清政府自顺治时候起，便已实行引见制度。引见也就是觐见皇帝，开初只限于吏部考选州县官中的上等者。康熙三十七年（1698 年），鉴于"州县官有牧民之责，为任甚重"[③]，不但列名上等者需得引见，只要吏部月选掣签行取，或三年大计卓异者，均属其列。后来又陆续扩大范围，把道员以下以及非属正印官的同知、通判和州县教职以上各级官员，都包括在内了。后来又确定，凡外官道员等职的定缺开列，府州县官的俸满推升，督抚题奏荐举之员，连同所有州县教职以上各官，在任命就职前，均得接受引见。其他像京官的升迁，王公大臣承袭爵位，或充当侍卫、拜唐阿，科举人员入仕选官，亦陆续被列入引见之列。至于

---

① 《清圣祖宗录》卷 191，康熙三十七年十一月壬辰。

② 《康熙起居注》，康熙四十五年十月乙巳，第 2029 页。

③ 《清圣祖实录》卷 189，康熙三十七年七月辛卯。

武职的引见，按照康熙时候的定制，八旗参领以下各官，绿营游击、都司守备、千总、把总等官，均属于引见的对象。

引见一般都在御门听政时成批进行，每批几十人到百余人不等。事前由吏部或兵部向皇帝呈交被引见人的履历考详凭单，然后，文官由吏部尚书或侍郎、武职由兵部尚书或侍郎，带领朝见皇帝。按照顺治年间的定制，被引见者均得向皇帝跪奏履历。康熙初，为了便于察看身材面貌，曾一度站立觐见，但不久即以"站立非人臣对君之体"，仍恢复跪见。武职官在引见前，兵部须得把考试步马箭法的成绩注入考评。有时皇帝还亲加校阅。像康熙五十三年（1714年）六月初二日，康熙皇帝在承德行宫东门引见护军参领都达礼等百余员八旗武官，"上逐一命射，问毕补用"①。次日，又引见守备孙烈武等百余名绿营军官，复"逐一命射，问毕补用"②。

由于每次引见官员的数量很大，而时间又十分短暂，只凭见面一过，很难为任官优劣作出确切的定论，尽管如此，康熙皇帝还是认真对待。他曾就在朝各部司官内升外转事，讲过这样一段话："科道官条陈诸事，及知县行取者补授科道官，引见时朕得以知悉。若吏部司官，朕并不识认，亦不知其办事何如，凭何升转。"③可见他很想通过引见制度，尽量

---

① 《康熙起居注》，康熙五十三年六月壬申，第2091页。
② 《康熙起居注》，康熙五十三年六月癸酉，第2092页。
③ 《清圣祖实录》卷206，康熙四十年十月乙卯。

熟悉官员，做到慎选人才。

　　事实上，康熙时每次引见的官员，也不都是个个合格通过。例如康熙五十五年（1716 年）五月二十五日，康熙皇帝引见准备充任副将至把总的一批绿营军官，在逐一询问阅射后，守备牛大华等四员，即以"人才不及"，遭到革退①。第二天，又引见待补放的八旗军官，护军校傅明亦因"射箭不堪，不能满语，人亦不及"，被革退②。在文职官员中也有类似例子。康熙五十五年（1716 年）七月，康熙皇帝就把"俱有年纪"的知县梅成枢等三人免退了③。这些遭革退的人员，尽管数量很少，究其原因，亦大抵以察看表象为主，但从中说明，康熙皇帝确实在施行引见之责的。④

　　总的说来，康熙皇帝在引见制度中的种种做法，反映了中央集权的加强，也增加了皇帝和中下级官员之间的联系，对促进整个官僚体制的运转，强化政治、军事统治都起到了一定的作用。

---

　　①　《康熙起居注》，康熙五十五年五月甲申，第 2286 页。
　　②　《康熙起居注》，康熙五十五年五月乙酉，第 2287 页。
　　③　《康熙起居注》，康熙五十五年七月丙子，第 2298 页。
　　④　参见郭松义主编：《清代全史》（第 3 卷），方志出版社 2007 年版，第 47—50 页。

结　语　康熙帝治国论

顺治十八年（1661年），清世祖顺治皇帝病死，遗诏由其子八岁的爱新觉罗·玄烨即位，由索尼、苏克萨哈、遏必隆、鳌拜四大臣辅政，改元康熙。以此为标志，中国历史进入了康熙王朝。康熙帝是清王朝历史上一位十分著名的皇帝，也是中国历史上很有影响的政治家。康熙六年（1667年），十三岁的康熙皇帝开始亲政。康熙帝在位六十一年（1662—1722年），勤政事，重德治，承担起了清王朝由乱到治的历史重任，在政治、经济、军事、文化等领域里确立和实行了一系列奠基性的政策措施，为清王朝的强盛奠定了牢固的基础，并与其子孙雍正、乾隆一起，开创了延续至19世纪的所谓"康乾盛世"。他在位期间，文治武功兼备，中国疆域空前辽阔，社会稳定，文化繁荣，为17世纪中后期至18世纪初期中国统一多民族国家的巩固与发展作出了卓越的贡献。

一、恢复经济与社会秩序，完成清王朝转型大业

康熙皇帝亲政时，面前摆着三大亟待解决的政治问题。一是必须刹住一部分保守的满洲贵族顽固维持和继续推行满族入关前的早期奴隶制度，强制将汉族地区的先进生产力纳入满族落后的生产关系的倒退做法；二是必须医治战争创伤，恢复和发展农业生产，稳定社会秩序；三是消灭各地反叛与分裂力量，巩固多民族国家的统一。

在康熙皇帝亲政前，满洲贵族内部的奴隶主残余势力还有相当大的力量。他们凭借自己手中的政治势力和军事力量，掳掠人口，追捕逃人，大量圈占土地，扩大旗地庄田制，在先进的汉族地区扩展满族落后的生产方式。他们把在战争中掳掠的人口、财物视为战利品，还制造借口，"将良民庐舍焚毁，女子俘获，财物攘取"。在北京附近五百里内，进行了三次大规模的圈地运动，共圈占了 14.6766 万顷肥田沃土。除役使东北迁来的"壮丁"和战争中俘虏的人口外，还强迫汉人"投充"，编庄生产，补充和扩大满族的奴仆队伍。满洲贵族从东北地区带来的这些"壮丁"、进关后的战争俘虏和强迫"投充"的汉人，在满洲贵族的强制下从事生产劳动，称作八旗"户下人"。他们受不了主人的残酷压迫和剥削，纷纷逃亡。满洲贵族使用暴力追捕，并制定极其严厉的"逃人法"，因而激起受害民众的强烈反抗，也给清朝统治者造成了严重的政治经济危机。不少汉族

官员提出限制扩大旗地庄田制和不再接受"投充"、放宽"逃人法"的建议。但清廷认为反对扩展满族落后的生产方式，就是反对他们在全国的统治，这些建议一律遭到严厉拒绝。康熙皇帝亲政前，辅政四大臣中，索尼年老多病，不甚管事；遏必隆为人圆滑，为回避鳌拜的嚣张气焰，从不发表不同意见；苏克萨哈遇事常与鳌拜冲突，最终被鳌拜借故处死。鳌拜纠集大学士班布尔善，吏部尚书阿思哈，兵部尚书噶褚哈，户部尚书玛尔赛，吏部侍郎泰壁图等人把持朝政。他们反对满族学习汉族的生活习惯和文物制度，反对朝廷重用汉臣，反对改革满族落后的旧制度。当时，鳌拜位尊权重，在朝中有不少亲信党羽。康熙帝以下棋为名召索额图进宫秘密策划处置鳌拜，乘鳌拜入朝，由其平日训练的一批少年侍卫，出其不意地将他逮捕，交付朝臣审判定罪，然后将其党羽诛杀，16岁的康熙皇帝亲自掌握政权，迅速调整政策，逐步把清王朝推向了新的发展时期。

康熙八年（1669年）五月，亲政后的康熙皇帝宣布停止圈地，平等对待满汉军民。他依靠亲信大臣索额图、杰书、图海等人，采取了一系列适应旗地生产关系变化的有力措施，推行了适合汉族经济关系的政策和照顾满族特权利益的措施，不仅严令停止圈地，而且禁止"投充"、放宽"逃人法"，逐步完成了满族从奴隶占有制向封建制度的变革过程。旗地庄田制逐步变成旗地私有制，隶属于主人的"壮丁"也逐渐变成佃户，"以丁责粮"的剥削关系也逐步过渡到租佃剥削的形式。这种变化是满族社会发展中的重大进步，这个转化的完成，也基本上停止了落后生产关系对汉族地区生产力的阻挠和破坏，并进一步使满、汉封建地主在阶级的根本利益上趋于一致，从而使清王朝的统治牢固地稳定了下来。

经过几十年的明末农民战争和清初的统一战争，全国土地荒芜，人员稀少，财政收支入不敷出。顺治十八年（1661年），全国人丁户口只有一千九百多万口，还不到明朝万历六年（1578年）的六十零六十九万多口的三分之一。全国的田地只有五百二十六万多顷，也还没有恢复到明万历时的五六百万顷。很多地方是百姓流亡，田地荒芜，甚至一些人口稠密的繁荣地区也出现了弥望千里、人烟稀少的一派惨相。四川是"民无遗类，地尽抛荒""有土无人"。江西是"官虽设而无民可治，地已荒而无力可耕"。山东高唐州在崇祯年间有人十五万三千多口，到顺治四年（1647年）当差人丁只有七千七百人。河南是"兵焚之余，无人佃耕"。湖南"自岳至长，村不见一庐舍，路不见一行人"。广西罗城是"遍地榛莽，县中居民仅六户"①。在全国范围内出现了处处土地荒芜，所在破坏严重的一片凋敝的景象。社会生产的严重破坏使清初统治者苦于税粮短缺，财政收支捉襟见肘。恢复和发展社会经济，是摆在康熙帝面前的一个重大政治问题。康熙帝顺应这一社会的发展需要，采取了一些有利于恢复和发展

① 南珊：《康熙在历史上的主要作用》，《学问》2003 年第 3 期，第 29 页。

社会生产的措施并取得明显的成效。主要表现在：

　　第一，发展农业，奖励垦荒。清初面临大量土地荒芜、赋税难征的状况。顺治六年（1649年），清朝统治者就命令各地方官吏招集流亡，开垦荒地，将各州县卫所的无主荒地分给官兵和流民屯种，"开垦耕种，永准为业"①。康熙皇帝即位后，继续大力推行这一政策，要求地方官在五年之内垦完境内荒田。招徕的流民不论原籍和别籍，都编入保甲，"凡有可垦之处，听民相度地宜，自垦自报，地方官不得勒索，胥吏亦不得阻挠"②。这样，一部分被招垦的农民获得少量土地，由佃户变成自耕农。在"开垦无主荒田"的名义下，一些农民将明代藩王的大量庄田和战争中死散地主的荒田占据垦种。清朝对这种既成事实加以法律上的承认，规定"凡地土有数年无人耕种完粮者，即系抛荒。以后如已经垦熟，不许原主复问"③。并宣布将藩王庄田改为"更名田"，归垦种之人所有。占有"更名田"的农民，只缴田赋，不再缴纳地租。由过去的佃户，变成占有土地的自耕农，这就提高了农民生产积极性，促进了社会经济的恢复与发展。据清朝官方统计：到康熙六十年（1721年）底，全国土地已经达到七亿三千万亩，奖励垦荒政策取得了明显的效果。

---

① 《清世祖实录》卷43，顺治六年四月壬子。

② （清）萧奭撰：《永宪录》卷2（上），《清代史料笔记丛刊》，中华书局1997年版，第111页。

③ 《清圣祖实录》卷108，康熙二十二年三月己未。

　　第二，轻徭薄赋，与民休息。康熙皇帝亲政不久，就宣布免除明末苛扰百姓的"三饷"（辽饷、剿饷、练饷），只按《万历会计簿》的旧额征收正项钱粮，令各级官员对明末弊政"蠲者蠲，革者革，庶几轻徭薄赋，与民休息"。康熙年间，蠲免钱粮的次数和数量都远远超过前代。在康熙皇帝亲政的五十五年之中，免天下钱粮三次，漕粮二次，遇有庆典、巡幸、用兵和水旱灾荒等情，也都分别减免有关地方的钱粮。虽然常常是官吏受到实惠，老百姓所得甚少，但对老百姓还是有好处的。除有少量土地的农民可以减免赋税外，无地农民也可以豁免本身丁银。康熙四十九年（1710年）更明确规定：以后凡遇捐免钱粮，合计分数，业户捐免七分，佃户捐免三分，永著为例。康熙五十一年（1712年）又宣布以上年全国丁银额为准，"其自后所生人丁，不必征收钱粮"[1]，谓之"盛世滋丁，永不加赋"。这些政策在一定程度上减轻了民众的负担，有利于社会经济的恢复与社会财富的增加。

　　第三，整顿吏治，惩治贪污。康熙皇帝曾一再强调："治天下以惩贪奖廉为要。"[2]不仅激励官吏争当好官，还把当好官、当清官与家族荣辱联系在一起，他明确告诉臣下："人能当好官，不惟一身显荣，且能光宗耀祖，否则丧身辱亲，何益之有？"在他统治期间，充实和严格官吏的考核制度，包括

---

① 《清圣祖实录》卷249，康熙五十一年二月壬午。
② 《康熙起居注》，康熙二十四年十一月戊午，第1386页。

"京察""大计"等，明确规定考核的内容、评价等级以及惩罚的标准。据有关资料介绍，到康熙中期，有七百余人因廉洁勤政而受到表彰，有一千五百多人因"才力不及"和"浮躁"而被降职调用，有一千五百余人因"不谨"和"罢软无为"而被革职；有五百多名贪官污吏遭到严惩；有二千六百人因老病残而被免去官职①。同时，康熙皇帝大力扶植清廉之吏。对于成龙、张伯行等"操守廉洁"的"清官"，康熙帝则予以奖励和提拔，以为治吏树立榜样。

第四，用儒家思想治国。思想文化是执政的根基和决策的指南。康熙帝尊重中国的传统文化，始终把儒家思想作为其执政的基本理论指导，在意识形态方面以理学治国。康熙皇帝即位后，每年二月和八月都分两次祭孔子。康熙二十三年（1684年）十一月，康熙皇帝冒着严寒，亲自至曲阜在大成殿向孔子神位行三跪九叩大礼，并宣读"御制祝文"，赞扬孔子"开万世之文明，树百王之仪范"，并特书"万世师表"②匾额，悬挂于大成殿上，倾注了虔诚敬奉之情。康熙皇帝以九五至尊拜倒在汉族信奉的至圣先师孔子面前，表现出了他冲破民族的狭隘观念，消除满汉之间隔阂的决心和治国方针，这对于清初中期知识阶层向统治者靠拢，稳定政局等无疑起到了十分重要的作用。

① 参见张世平著：《盛世战略：历史上的盛世与现实崛起的中国》，解放军出版社 2011 年版，第 71 页。
② 《清圣祖实录》卷 117，康熙二十三年十一月乙卯。

二、消灭各地反叛力量，巩固多民族国家的统一

　　清初，清政府对全国的统治虽已确立，但部分地区一直未能置于有效的控制之下。在中央与地方关系问题的处理上，南方数省有三藩的割据势力，台湾岛屿有郑氏的反清集团，西北有噶尔丹割据势力，他们一直凭借强大的军事实力，不断向清政府发起挑战。在争取社会生产的恢复与发展的同时，康熙皇帝先后削平"三藩"割据势力，统一台湾，击败噶尔丹叛乱，加强对西藏地区的管理，彻底完成了全国的统一事业，使中国成为一个疆域辽阔、民族众多、多元一体的牢固统一的国家，从而为清中期康乾盛世打下了坚固的基础，为清初、中期中央与地方关系的处理奠定了一个良好的开端。

　　第一，削平三藩叛乱。清初，吴三桂控制云贵，称霸西南；尚可喜父子专制广东；耿继茂父子盘踞福建。三藩势力与清政府的中央集权在经济、政治、军事等方面的矛盾愈来愈深，最终发展到了必须用武力方能解决的地步。

　　康熙十二年（1673 年）三月，平南王尚可喜因与长子尚之信不和，疏请归老辽东，以尚之信袭爵留镇，康熙皇帝借机以父子宗族不宜分离为由，同意尚可喜告老还乡，但不允其子袭爵留镇，令其尽撤部中家属回籍。七月，吴三桂、耿精忠也疏请撤藩，试探清廷意旨。八月，康熙皇帝否定了大多数廷臣反对撤藩的意见，从长远大局着眼，毅然下令三藩

并撤，并立即派员前赴云南、广东、福建，办理各藩撤兵起行事宜。九月，撤藩诏使到达云南，西南震动。十二月，吴三桂公开叛乱，各地藩王先后响应。康熙皇帝调整部署，沉着冷静，针对各藩情况采取不同的策略。康熙皇帝采用了安抚收买和军事压力相结合的手段，使参加叛乱的耿精忠、尚之信、王辅臣等汉族军阀先后倒戈，不久又控制了广西、广东、福建、江西、陕西等省。吴三桂情竭势拙，于康熙十八年（1679 年）在湖南衡阳即皇帝位，建国号周，建元昭武，企图以此稳定人心，鼓舞士气。不久，吴三桂病死，他的孙子吴世璠（吴应熊庶子）在衡阳即位。吴世璠是个十多岁的小孩子，不能定攻守之策，于是吴军内部人心益散。与清军交锋，屡战屡败。清军招降了吴军水师将军林兴珠，并采纳他的建议，水陆两军猛攻岳州，岳州守军馈败。长沙等地吴军闻讯，也放弃守位，狂奔不止，逃回贵州、云南。西南地区多山地，八旗骑兵特长很难发挥。绿旗官兵容易适应地形，屡立战功，因此，康熙皇帝确定了用绿旗兵剿灭"三藩"的方针。他任命绿旗将领、陕西提督赵良栋为勇略将军兼云贵总督，与湖广总督蔡毓荣、平南将军赉塔分别从四川、湖南、广西围歼吴世璠。每路兵马都以绿旗兵居前，八旗兵继后。康熙十九年（1680 年），赵良栋等人长驱直入，攻下贵州，直逼昆明，吴世璠被困在城内，束手无策。城内文武官员，见大势已去，纷纷出降，吴世璠自杀。经过八年苦战，至康熙二十年（1681 年）十一月，彻底平定三藩之乱，全国局势从此稳定下来，清王朝中央集权得到进一步加强。

三藩反叛，对清中央最高决策层震动很大。康熙皇帝在总结经验教训的基础上，为巩固清王朝的中央集权采取了一系列重大决策，作出了一系列探索与努力，从而造就了中国一个半世纪国家基本上处于一个统一、团结、稳定、发展的局面。这为清初、中期封建经济的复苏和繁荣奠定了一个坚固的政治基础和稳定的社会环境。所谓"康乾盛世"正是产生在这样的历史背景下。因而，从一定意义上讲，平定三藩是开康乾盛世之端。

第二，收复台湾。平定三藩之后，康熙皇帝立即转入了收复台湾，消灭郑氏集团割据势力的斗争。台湾自古以来就是中国的领土。明天启元年（1624年），台湾被荷兰殖民主义者侵占。康熙元年（1662年），郑成功驱逐荷兰侵略者，收复了台湾，对中国历史作出了伟大的贡献。然而，随着清王朝统一事业的发展，自比琉球、朝鲜，坚持不雉发、不登岸的郑氏集团武装，已经蜕变成为分裂国家统一的地方割据势力。三藩叛乱，郑成功之子郑经作为支持者和参加者，一度猖獗海上，并且占据了泉州、漳州、惠州、潮州等地，"杀掠所至，十室九匮"，使东南沿海广大民众深受其害。康熙帝决意消除沿海战患，消灭这一不服从中央政府管辖的地方割据势力。康熙二十年（1681年），在三藩叛乱即将平定之时，康熙皇帝便命吏、兵二部从速制定进军台湾方略。经过一年多的充分准备，康熙二十二年（1683年）六月，福建水师提督施琅率军两万多人，战舰三百余只，进军台湾，消灭郑氏集团势力，重新统一了台湾。台湾统一以后，康熙皇帝在台湾设置一府三县，隶属福建省管辖。自此，台湾完全处于清王朝中央政府的统一管辖之下。这对维护国家统一和领土完整无疑起到了十分重要的作用。而台湾统一以后，在免受外敌侵扰的条件下，也促进了海岛的经济与文化的发展。

第三，粉碎噶尔丹分裂国家的阴谋。新疆地区在汉、唐和元朝时期，都是直接隶属中央政府，并同内地保持着政治、经济和文化各方面密切的联系。明朝时期，蒙古分为东部的鞑靼与盘据在新疆北部的瓦剌两大部。满洲兴起以后，从16世纪中叶起，大漠以南的察哈尔、科尔沁、土默特、鄂尔多斯等二十四部蒙古族先后归附清朝，称为内蒙古。漠北的喀尔喀蒙古分车臣汗、土谢图汗、扎萨克图汗三部，都与清朝有"朝贡"关系，称为外蒙古。阿尔泰山以西的瓦剌部，当时叫额鲁特蒙古，分为互不统属的四个部落，杜尔伯特部在额尔齐斯河流域，土尔扈特部在塔城附近的雅尔一带，和硕特在乌鲁木齐地区，准噶尔部在伊犁河流域。四部之中，准噶尔最强。噶尔丹夺得汗位后，用武力占据了新疆北部，然后又进攻天山南路，控制了南疆的维吾尔族地区，形成一个拥有六十万人口的强大割据势力。噶尔丹和清朝保持着传统的朝贡关系，每次入贡有千人或数千人之多，常常请求清朝给予经济上的援助，并和达赖喇嘛、青海诸台吉（贵族的一种称号）一起给康熙皇帝上尊号，自居臣属之列。

　　康熙二十三年（1684 年），土谢图汗与扎萨克图汗发生冲突，噶尔丹支持扎萨克图汗，遭到土谢图汗的痛击。康熙二十七年（1688 年），正当土谢图汗派人包围了乌丁斯克和色楞格斯克，打击俄国侵略者，收复失地的关键时刻，噶尔丹率领三万骑兵越过杭爱山，进攻喀尔喀部。土谢图汗被迫撤回与俄军作战的军队，与噶尔丹作战。噶尔丹打败土谢图汗部后，又占领了扎萨克部，侵入车臣汗部。三部几十万人奔向漠南，请求清廷保护。康熙皇帝给予牲畜、茶、布等物资救济，把他们暂时安置在科尔沁地区，并命令噶尔丹率众西归，退还喀尔喀三部故地。噶尔丹不听从清廷命令，继续率兵内犯，康熙皇帝决定亲征消灭这股分裂国家的动乱力量。康熙二十九年（1690 年），康熙皇帝任命裕亲王福全为抚远大将军出古北口，恭亲王常宁为安北大将军出喜峰口，在乌兰布通（今赤峰境内）与噶尔丹决战。噶尔丹败逃后，派人到莫斯科向沙皇提议缔结同盟，但沙俄当时无力出兵参战，只是派人到噶尔丹那里进行阴谋活动。康熙三十三年（1694 年），噶尔丹要求清朝把土谢图汗和哲卜尊丹巴（活佛）送交给他处置，并煽动内蒙古诸部背叛清朝。第二年，噶尔丹率兵侵入巴颜乌兰，大肆抢掠。康熙皇帝于康熙三十五年（1696 年），决定再次亲征，命令萨布素率领东三省兵从东路出击，费扬古率陕甘兵从宁夏出西路，截断准噶尔兵的归路。康熙皇帝亲率八旗兵从独石口出中路，进逼巴颜乌兰。噶尔丹在山顶望见康熙御营的黄幄龙旗后，慌忙拔营逃走。逃到昭莫多，遭到费扬古率领的西路军的截击，噶尔丹大败，仅率数十骑逃跑。康熙三十五年（1696 年）九月，康熙皇帝亲自到归化城，命令青海诸台吉和策妄阿拉布坦协力进攻噶尔丹。噶尔丹的属下看到大势已去，纷纷归附清王朝。第二年，康熙皇帝第三次亲征，到宁夏指挥作战，命令马思哈和费扬古率军大举深入，追歼噶尔丹。噶尔丹在众叛亲离、走投无路的情况下服毒自杀，部下把他的尸首送交清军，投降清朝。康熙皇帝平定噶尔丹之后，喀尔喀三部几十万人重返漠北故地，由三十七旗扩充为五十五旗，增设赛音诺颜部，统辖十九个旗。清朝对外蒙古四部七十四旗实行有效统治。

　　第四，进剿入侵西藏的策妄阿拉布坦部，加强对西藏地区的管辖。远在 1300 年前的唐朝之时，汉藏在经济、文化上就有了密切的联系。从元朝时开始，西藏正式归入中国统一的版图。到了清朝时期，在统一的祖国大家庭里，西藏与内地的联系有了更进一步的加强。在中央政府的直接管理下，确立了一系列的制度，推动了西藏社会的发展。16 世纪后期，西藏的喇嘛教传到内外蒙古，西藏与新疆、青海、蒙古等地的政治经济和文化联系有了进一步的加强。明朝末年，蒙古顾实汗的力量进入西藏，清朝通过蒙古与西藏发生联系。崇德二年（1637 年），西藏派人到盛京（沈阳）会见皇太极。随后，皇太极向达赖五世宣布了清朝崇敬佛教的政策。顺治九年（1652 年），达赖亲自到北京朝见顺治皇帝，受到清政府的隆重款待，专门修建了一座规模宏大的黄寺，作为达赖在京期间的住所。第二年，清朝封达赖为"西天大善自在佛所领天下释教普通瓦赤喇怛喇达赖喇嘛"，颁赐金册金印。康熙五十二年（1713 年），清政府又封驻在日喀则的五世班禅为"班禅额尔德尼"。这就是"达赖喇嘛"和"班禅额尔德尼"称号的由来。

康熙二十一年（1682 年），五世达赖喇嘛去世，第巴桑结匿丧不报，并盗用达赖的名义胡作非为。他一面支持噶尔丹与清朝军队作战，一面请求清政府封他为土伯特国王。康熙五十四年（1715 年），桑结的部属勾结准噶尔策妄阿拉布坦引兵进藏，杀死拉藏汗，西藏陷入混乱。为了安定西藏局势，康熙皇帝调拨大军入藏。康熙五十九年（1720 年），清军驱逐了侵藏的准噶尔策妄阿拉布坦势力，护送六世达赖喇嘛从青海进藏"坐床"，封拉藏汗的部属康济鼐为贝勒，管理前藏，颇罗鼐为台吉，管理后藏，恢复了西藏的社会秩序。随后，清政府在西藏驻兵，设立台站，加强了对西藏的管理，巩固了西南边疆，维护了多民族国家的统一与完整。

第五，两战雅克萨，挫败沙俄对中国东北地区的侵略。黑龙江流域自古以来就是中国的领土。从 1638 年开始，沙俄不断派出远征军侵入中国的东北地区。1666 年，康熙皇帝曾派使节与沙皇谈判，但沙皇政府置若罔闻。这使康熙皇帝清楚地认识到，"若辈非创以兵威，则罔知惩威"①。于是，康熙皇帝构筑黑龙江城（今瑷珲），设置黑龙江将军，决定自卫还击。在充分准备的基础上，1685 年、1686 年，清军两次收复雅克萨，并促成 1689 年《中俄尼布楚条约》的最终签署。该条约以法律条文的形式明确规定以外兴安岭以南至海，格尔必齐河和额尔古纳河为中俄两国东段边界，整个黑龙江流域和乌苏里江广大流域都是中国的领土。从而有效地遏止了沙俄殖民主义者对中国北方边境的侵略活动。

三、结　论

平定三藩，收复台湾，消灭噶尔丹反叛势力，加强对西藏地区的治理，实现中俄《尼布楚条约》签订等内忧外患问题的解决，标志着清王朝的统治进入了一个新的阶段。

历史清楚地表明，在即将到来的西方殖民势力汹涌东侵的前夕，中国的统一和强大，对于中华民族抵抗侵略、保卫边疆，有着巨大的作用与影响。如果说在这以前，清朝中央政府的主要精力是放在用武力消除敌对势力，确保新政权的统治和稳定上面的话，那么接着面临的问题就是要采取更多的经济、政治、文化政策，来加强中央集权的统治，发展

---

① 张世平著：《盛世战略：历史上的盛世与现实崛起的中国》，第 78 页。

社会经济，保证大清王朝江山的长治与久安了。康熙二十年
（1681 年）以后，清王朝的财政收支情况大为好转。康熙
四十八年（1709 年）以后，户部库存银由原先的一二千万两
增至五千多万两。康熙五十四年（1715 年）因太仓贮粮过
多，将四百三十多万石陈旧粮食散发给官兵。到康熙六十一
年（1722 年），全国人丁户口增加到两千四百九十多万口，
田地增加到七百三十五万多顷，生产发展，社会财富增加，
百姓安居乐业，出现了相对安定的繁荣局面。经过康、雍、
乾、嘉四朝的中央集权，直到太平天国运动爆发前夕，可以说
中央政府对地方拥有绝对的发号施令的权力，中央与地方的
关系也长期处于基本的稳定运行的状态之中。经过康熙皇帝
半个多世纪的治理，清王朝的疆域幅员辽阔广大，西起巴尔
喀什湖和葱岭，东至鄂霍次克海和库页岛，北抵漠北和外兴
安岭，西北包括唐努乌梁海，南有西沙和南沙群岛，东南有
台湾诸岛屿，基本上奠定了今天的中国疆域版图的基础。在
这个疆域稳定、边防巩固，经济上发展的大清帝国，各民族
文化上相互交流和习俗心理上相容认同，各民族团结一致，
共同托起了康乾盛世。这其中，康熙皇帝的文治武功起到了
巨大的开创和奠基作用。

附　录

一、主要参考书目

中国第一历史档案馆整理：《康熙起居注》，中华书局 1984年版。

中国第一历史档案馆编：《康熙朝汉文朱批奏折汇编》，档案出版社 1984 年版。

中国第一历史档案馆编：《清代档案史料丛编》第 1 辑，中华书局 1978 年版。

（清）赵尔巽等编纂：《清史稿》，中华书局 1977 年版。

王钟翰点校：《清史列传》，中华书局 1987 年版。

孟昭信著：《康熙大帝全传》，吉林文史出版社 1987 年版。

白钢主编，郭松义、李新达、杨珍著：《中国政治制度通史》（第十卷，清代），人民出版社 1996 年版。

姜兆成、王日根著：《康熙传》，人民出版社 1998 年版。

王思治、李岚著：《康熙皇帝》，故宫出版社 2016 年版。

白新良等著：《康熙传》，岳麓书社 2015 年版。

郭松义主编：《清代全史》，方正出版社 2007 年版。

《清实录》，中华书局 2008 年版。

徐珂编撰：《清稗类钞》，中华书局 2010 年版．

（清）章梫纂，曹轶注：《康熙政要》，中州古籍出版社 2012 年版。

二、康熙帝行政大事记

顺治十八年（1661 年），8 岁

正月初七日，顺治帝病逝于养心殿。遗诏立第三子玄烨为太子，特命内大臣索尼、苏克萨哈、遏必隆、鳌拜四大臣辅政。初八日，遣官颁行遗诏于全国。初九日，玄烨即皇帝位，改年号为康熙。

是年，为防内地民众与郑成功抗清势力联系，实行海禁，勒令江南、浙江、福建、广东沿海居民分别内迁三十里至五十里，并尽烧船只，片板不准下海，此即"迁海令"。

康熙六年（1667 年），14 岁

七月，康熙帝亲政，御太和殿受贺，加恩中外，大赦。始御乾清宫听政。命武职官一体引见。

九月，命修《世祖实录》。

康熙八年（1669 年），16 岁

三月，结束清初的历法之争，授南怀仁为钦天监监副。

四月，幸太学，释奠孔子，讲《周易》《尚书》。

五月，诏逮捕鳌拜交廷鞫。诏永停圈地，今年已圈者给还。

六月，诏宗人有罪，不忍开除宗籍，自顺治十八年以来被削宗籍者，由宗人府详察以闻。

七月，诏复被鳌拜诬罪的苏纳海、朱昌祚、王登连原官，并予谥。

十一月，太和殿、乾清宫成，上御太和殿受贺，入居乾清宫。

康熙九年（1670 年），17 岁

十月，颁《圣谕》十六条。改内三院为内阁，复设中和殿、保和殿、文华殿大学士。谕礼部举行经筵。

康熙十年（1671 年），18 岁

二月，命编纂《孝经衍义》。

三月，告诫年幼诸王读书习骑射，勿恃贵纵恣。设置日讲官。

四月，命续修《太祖圣训》《太宗圣训》。诏宗人闲散及幼孤者，量予养赡，著为令。始行日讲。

九月，以寰宇统一，告成于太祖太宗陵。

康熙十一年（1672 年），19 岁

二月，康熙帝至先农坛首次行耕耤礼。朝日于东郊。

五月，《世祖实录》编纂完成。

康熙十二年（1673 年），20 岁

二月，赐八旗官学翻译《大学衍义》。

三月，平南王尚可喜请老，许之，以其子之信嗣封镇粤，不许，令其撤藩还驻辽东。

六月，禁止八旗以奴仆殉葬。

七月，命重修《太宗实录》。

八月，试汉科道官于保和殿，不称职者罢。遣官分至云南、广东、福建，进行撤藩。谕礼部：祭祀大典，必仪文详备，乃可昭格。命其考察古礼斟酌议定。

九月，谕总管太监考察各宫太监勤惰情况。

十一月，吴三桂杀巡抚朱国治，举兵反叛。

十二月，吴三桂叛乱讯传京师。执其子额驸吴应熊下狱。诏削吴三桂爵，宣示中外。京师民杨起隆伪称朱三太子以图起事，事发，杨起隆逃逸，其党被诛。此为"朱三太子案"。

康熙十三年（1674 年），21 岁

正月，封世祖第七子隆禧为纯亲王。

二月，广西将军孙延龄叛。太皇太后颁内库银犒赏平三藩前线将士。钦天监新造仪象成。

三月，耿精忠叛，执总督范承谟，并邀台湾郑经助攻。

十二月，康熙帝拟前往亲征三藩叛乱，王大臣以京师为根本重地，且太皇太后年事已高，力谏乃止。提督王辅臣在

陕西策应三藩叛乱，杀经略莫洛。

康熙十四年（1675 年），22 岁

四月，以上谕确立经筵的形式为侍臣进讲，然后皇帝复讲，互相讨论以达到对经义有所阐发。

闰五月，幸玉泉山观禾。

九月，康熙帝首谒明陵，致奠长陵，遣官分祭诸陵。

十一月，复设詹事府官。

十二月，立皇子胤礽为太子，遣官告祭天地太庙社稷，颁诏中外，加恩肆赦。

康熙十五年（1676 年），23 岁

正月，因军需浩繁，民力唯艰，暂停仁孝皇后陵寝建造之工。

十月，康熙帝命讲官进讲《通鉴》。耿精忠势穷而降，三藩叛域浙、闽、陕渐次平定。

康熙十六年（1677 年），24 岁

九月，上发京师，谒孝陵，巡近边。

十月，始设南书房，命侍讲学士张英、中书高士奇入值。

康熙十七年（1678 年），25 岁

正月，诏中外臣工各举博学通才之人，以备顾问，由皇帝亲试。

二月，制《四书讲疏义序》。

三月，吴三桂在衡州（今湖南衡阳）称帝，年号昭武。

八月，颁行《康熙永年历》。吴三桂死，吴三桂孙吴世璠在云南嗣位。

康熙十八年（1679 年），26 岁

正月，平定三藩之乱已取得阶段性胜利，康熙帝御午门宣捷。

三月，御试博学鸿词于体仁阁，授彭孙遹等五十人侍读、侍讲、编修、检讨等官。修《明史》，以学士徐元文、叶方蔼、庶子张玉书为总裁。

七月，京师地震，诏发内帑十万赈恤。

康熙十九年（1680 年），27 岁

四月，命南书房翰林每日晚讲《通鉴》。

康熙二十年（1681 年），28 岁

十一月，定远平寇大将军等率军入云南，吴世璠自杀，三藩之乱彻底平定。

十二月，以三藩平定御太和门受贺，宣捷中外。

是年，康熙帝诏见直隶巡抚于成龙，称其为"清官第一"。

康熙二十一年（1682 年），29 岁

三月，康熙帝谒福陵、昭陵，驻跸盛京。谒永陵。由山道前往乌拉行围。望祭长白山。

七月，清廷以郑氏降将施琅为福建水师提督，准备攻台。

九月，诏每日御门听政，春夏以辰初，秋冬以辰正。

十月，诏重修《太祖实录》，纂修《三朝圣训》《平定三逆方略》。

十二月，遣郎谈、彭春侦察雅克萨情形，还奏后，康熙帝决定暂不进攻，派宁古塔将军与之对垒。

康熙二十二年（1683年），30岁

二月，康熙帝初次幸五台山。

五月，设汉军火器营。

六月，至古北口外行围，木兰围猎自此始。

八月，施琅收复台湾。

九月，限额鲁特入贡人数。

十月，设黑龙江将军，驻黑龙江城（今爱辉南）。

十一月，以收复台湾，告祭孝陵。

十二月，《易经日讲》成，康熙帝制序文颁行。

康熙二十三年（1684年），31岁

正月，命整肃朝会礼仪。首次纂修《大清会典》，自崇德元年至康熙二十五年。

二月，以萨克素兵临雅克萨。

十月，开放海禁。南巡途经黄河，视察北岸诸险。

十一月，南巡至江宁，谒明孝陵。回銮时次曲阜，诣孔庙，瞻先圣像，讲《日经》，诣孔林酹酒，书"万世师表"，留曲柄黄盖。

是年，用施琅议，于台湾设一府三县等，隶福建行省。

康熙二十四年（1685年），32岁

正月，谕萨布素进攻罗刹。

三月，康熙帝撰孔子庙碑文成，亲书立碑。

四月，设景山官学，以训练内务府三旗闲散子弟。诏命新垦田地永免圈占。

五月，修《政治典制》。于文华殿东建传心殿，举行经筵前遣官于此祭先师孔子。彭春等攻雅克萨城（今俄罗斯阿尔巴津诺），俄军势穷约降，退居尼布楚（今俄罗斯涅尔琴斯克）。

康熙二十五年（1686年），33岁

正月，俄重据雅克萨。

二月，重修《太祖实录》完成。文华殿修建完成。康熙帝告祭孔子于传心殿。

三月，命修《一统志》。

七月，吏部奏定侍读、庶子以下各官学问不及者，以同知、运判外转。清军围攻雅克萨。

九月，俄沙皇彼得一世来书请和，下令撤围。

十二月，谕："纠仪御史纠察必以严，设朕躬不敬，亦当举奏。"

康熙二十六年（1687年），34岁

二月，命八旗都统、副都统更番入值紫禁城。

三月，康熙帝御太和门视朝，谕大学士等详议政务阙失，有所见闻，应入陈无隐。

四月，谕纂修《明史》诸臣，修史应参照实录，《明史》修成后，应将实录并存于世，以便后世有所考证。

五月，召陈廷敬、汤斌各试以文章。谕曰："朕与熊赐履讲经论史，有疑必问。继而张英、陈廷敬以次进讲，大有裨益。"制周公、孔子、孟子庙碑文，御书勒石。

康熙二十八年（1689年），35岁

正月，康熙帝南巡，临阅河工。

二月，康熙帝抵达浙江绍兴，祭大禹陵，亲制祭文，书名，行九叩礼，制颂刊石，书额曰"地平天成"。

三月，康熙帝至南京谒明孝陵。命八旗科举先试骑射。

四月，康熙帝制《孔子赞序》及颜、鲁、思、孟四赞，颁于学宫。

五月，颁行《孝经衍义》。

七月，派索额图与俄国使臣会谈于尼布楚，签订《中俄尼布楚条约》，确定中俄东段边界。

康熙二十九年（1690年），36岁

二月，谒遵化孝陵。

三月，诏修三朝国史。

四月，《大清会典》修成。改文书馆为御书处，以拓刻、临摹皇帝诗文法帖手迹等。

七月，噶尔丹入犯乌珠穆沁发动叛乱，康熙帝命裕亲王福全为抚远大将军，皇子胤禔为副将出古北口；恭亲王常宁

为安远大将军，出喜峰口征讨。康熙帝亲征，驻博洛和屯，因疾回銮。

八月，清军与噶尔丹激战于乌兰布通，获胜。噶尔丹遣喇嘛济隆来请和，福全未即进师。康熙帝切责之。

康熙三十年（1691 年），37 岁

三月，翻译《通鉴纲目》成，康熙帝制序文。

四月，以喀尔喀内附，康熙帝躬莅边外抚绥。举行多伦会盟。

五月，传谕喀尔喀，与内蒙古四十九旗一体编设各处扎萨克，管辖稽查，各自遵守。

十一月，诏禁止党同伐异之恶习。

康熙三十一年（1692 年），38 岁

十二月，召科尔沁亲王沙津入京，面授机宜，使诱噶尔丹。

康熙三十二年（1693 年），39 岁

二月，策旺阿拉布坦遣使入贡，报告使臣马迪被害及噶尔丹密事。

九月，修盛京城。

康熙三十三年（1694 年），40 岁

二月，大学士请间三四日一御门听政。康熙帝曰："昨谕六十以上大臣间日奏事，乃优礼老臣耳。若朕躬岂敢暇逸，其每日听政如常。"因康熙帝优礼老臣，谕六十以上大臣隔日奏事，故而大学十请问皇帝可否三、四日举行一次御门听

政，康熙帝不允。

闰五月，康熙帝试翰林出身官于丰泽园。

七月，康熙帝求文学之臣。大学士举荐徐元学、王鸿绪、高士奇及韩菼、唐孙华以对。康熙帝以曰："韩菼非谪降之人，当以原官召补。徐元学、王鸿绪、高士奇可起用修书。并召徐秉义来。"

十一月，设虎枪营，分隶上三旗。

康熙三十四年（1695 年），41 岁

二月，重建太和殿。

五月，上巡畿甸，阅新堤及海口运道，建海神庙。

十一月，大阅于南苑，定大阅鸣角击鼓声金之制。

康熙三十五年（1696 年），42 岁

正月，下诏亲征噶尔丹。于西苑蕉园设内监官学，以敕授太监读书。

二月，康熙帝亲统六师启行，征噶尔丹。命皇太子留守，凡部院章奏听皇太子处理。

五月，侦知噶尔丹所在，康熙帝率前锋先发，诸军张两翼而进。前哨中书阿必达探报噶尔丹闻知皇上亲率大军而来，惊惧逃遁。康熙帝率轻骑追击。上书皇太后，备陈军况，并约期回京。康熙帝追至拖纳阿林而还，命内大臣马思喀追之。康熙帝班师。抚远大将军费扬古大败噶尔丹于昭莫多（今蒙古人民共和国乌兰巴托东南），斩首三千，阵斩其妻阿奴。噶

尔丹以数骑逃遁。

七月，以平定朔漠勒石于太学。

十月，大将军费扬古献俘至。

十一月，噶尔丹遣使乞降，其使格垒沽英至，盖微探康熙帝的旨意。康熙帝告之说："俟尔七十日，过此即进兵。"

康熙三十六年（1697 年），43 岁

正月，上谕："朕观《明史》，一代并无女后预政，以臣凌君之事。我朝事例，因之者多。朕不似前人辄讥亡国也。现修《明史》，其以此谕增入敕书。"

二月，康熙帝再次亲征噶尔丹于宁夏，命皇太子留守京师。遣官祭黄河之神。

三月，康熙帝驻跸宁夏，察恤昭莫多、翁金阵亡兵士。祭贺兰山。上阅兵。命侍卫以御用食物均赐战士。

四月，康熙帝回銮。费扬古疏报闰三月十三日噶尔丹仰药死。康熙帝率百官行拜天礼。敕诸路班师。

七月，以朔漠平定，遣官告祭郊庙、陵寝、先师。太和殿建成。

十月，始令宗室及满洲诸生应乡试、会试。

康熙三十七年（1698 年），44 岁

正月，康熙帝巡幸五台山。命皇长子胤禔、大学士伊桑阿祭金太祖、世宗陵。

三月，封皇长子胤禔为直郡王、皇三子胤祉为诚郡王，皇

四子胤禛、皇五子胤祺、皇七子胤祐、皇八子胤禩俱为贝勒。

五月，裁上林苑。

七月，命吏部月选同、通、州、县官引见。霸州新河成，赐名永定河，建河神庙。奉皇太后东巡，取道塞外。

八月，巡幸塞外。

康熙三十八年（1699 年），45 岁

正月，发布南巡诏旨：一切供给，由京备办，勿扰民间。

二月，第三次南巡启銮。

三月，康熙帝阅黄河堤。驻杭州，阅兵较射。

四月，车驾驻江宁，阅兵。

五月，车驾次仲家闸，书"圣门之哲"额，悬先贤子路祠。

十月，视永定河工程，命直郡王胤禔率领八旗兵丁协助修永定河堤。

康熙三十九年（1700 年），46 岁

正月，阅视永定河工程。

二月，亲自指示修永定河方略。命费扬古、伊桑阿考试宗室子弟骑射。

六月，建海神庙。停宗室科举。

十月，巡阅永定河。

康熙四十一年（1702 年），48 岁

正月，诏修国子监。

六月，康熙帝制《训饬士子文》，颁发直省，勒石学宫。

九月，第四次南巡。

十一月，命修禹陵。

康熙四十二年（1703 年），49 岁

六月，巡幸塞外。

十月，西巡山陕诸省。

十一月，次洪桐，遣官祭女娲陵。遣官祭西岳。驻西安，阅驻防官兵较射。

十二月，次磁州，御书"贤哲遗休"额悬先贤子贡墓。

康熙四十三年（1704 年），50 岁

二月，封淮神为长源佑顺大淮之神，御书"灵渎安澜"额悬。

四月，命侍卫拉锡察视黄河河源。

六月，于武英殿开局修《佩文韵府》。

十月，颁内制铜斗铜升于户部，命以铁制颁行。

十一月，告诫修《明史》史臣核公论，明是非，以成信史。

十二月，以御制诗集赐廷臣。

康熙四十四年（1705 年），51 岁

正月，《古文渊鉴》成，颁赐廷臣，及于学宫。

二月，康熙帝第五次南巡阅河。

三月，驻跸苏州，命选江南、浙江举、贡、生、监善书者入京修书。江宁织造曹寅校刊《全唐诗》成。赐大学士马齐等《皇舆表》。

十月，重修华阴西岳庙成，上制碑文。

十一月，国子监落成，御书"彝伦堂"额。

康熙四十五年（1706 年），52 岁

五月，巡幸塞外。建避暑山庄于热河，为每年秋狝驻跸行宫。

六月，诏修《功臣传》。

七月，上驻跸热河。

十月，行武殿试。

康熙四十六年（1707 年），53 岁

正月，康熙帝第六次南巡。

六月，巡幸塞外。

七月，驻跸热河。巡幸诸蒙古部落。

康熙四十七年（1708 年），54 岁

正月，重修南岳庙成，御制碑文。

四月，重修北镇庙成，御制碑文。

六月，驻跸热河。《清文鉴》成，上制序文。

七月，《平定朔漠方略》成，上制序文。

九月，召集廷臣于行宫，宣示皇太子胤礽罪状，命拘执之，送京幽禁。还京。废皇太子胤礽，颁示天下。

十月，议政大臣会议，议皇八子胤禩谋求储位罪，削其贝勒爵。

十一月，召廷臣议建储之事。

十二月，设局校刊《平定朔漠方略》，自是每次大战后均修方略。

康熙四十八年（1709年），55岁

三月，复立胤礽为太子，昭告宗庙，颁诏天下。

十月，于京西畅春园之北建圆明园，赐予皇四子胤禛居住。

康熙四十九年（1710年），56岁

正月，命刊刻《渊鉴类函》四十四部。命修《满汉合璧清文鉴》。

二月，巡幸五台山。

三月，命编纂《字典》，即后来所称的《康熙字典》。

十月，下诏，自康熙五十年开始，普免天下钱粮，三年而遍。直隶、奉天、浙江、福建、广东、广西、四川、云南、贵州九省地丁钱粮，察明全免。

康熙五十年（1711年），57岁

正月，视察通州河堤。

七月，秋狝木兰。

十月，命张鹏翮置狱扬州，处置江南科场案。

康熙五十一年（1712年），58岁

正月，命内外大臣具折陈事。奏折自此始。

二月，命卓异武官照文官引见。诏曰："承平日久，生齿日繁。嗣后滋生户口，毋庸更出丁钱，即以本年丁数为定额，著为令。"此为"滋生人丁永不加赋"政策。

九月，皇太子胤礽复以罪废，禁锢于咸安宫。十一月，以复废太子告庙，宣示天下。

康熙五十二年（1713年），59岁

正月，江南科场案结，考官及行贿人等斩、绞、流、责有差。封班禅呼图克图为班禅额尔德尼。

二月，大臣赵申乔疏言太子国本，应行册立。上以建储大事，未可轻定，宣谕廷臣，以原疏还之予以否决。《南山集》案结，戴名世处死，戴、方二族皆发遣或入旗。

三月，六旬万寿节，举行千叟宴，此为千叟宴之创始。

七月，诏宗人削属籍者，子孙分别系红带、紫带，载名《玉牒》。

是年，诏修《律吕》诸书，于畅春园蒙养斋立馆，求海内畅晓乐律者。

康熙五十三年（1714年），60岁

正月，命修坛庙殿廷乐器。

二月，前尚书王鸿绪进《明史列传》二百八十卷，命付史馆。

十月，命大学士、南书房翰林考定乐章。

十一月，诚亲王胤祉等以御制《律吕正义》进呈，得旨："律吕、历法、算法三书共为一部，名《律历渊源》。"冬至，祀天于圜丘，奏新乐。

康熙五十四年（1715 年），61 岁

三月，策妄阿拉布坦攻哈密，四月被清军所败。

九月，乌梁海归附。

康熙五十五年（1716 年），62 岁

遣官屯田于图呼鲁克。

校刊《康熙字典》，康熙帝自为序。

康熙五十六年（1717 年），63 岁

正月，修《周易折中》成，颁行学宫。

七月，策旺阿拉布坦遣将侵扰西藏，杀拉藏汗，囚其所立达赖。

康熙五十七年（1718 年），64 岁

二月，翰林院检讨朱天保上疏请复立胤礽为皇太子，康熙帝于行宫训斥之，以其知而违旨上奏，实乃不忠不孝之人，命诛之。

七月，修《省方盛典》。

十月，命皇十四子胤禵为抚远大将军，进军青海。命翰林、科道官入值。命皇七子胤祐、皇十子胤䄉、皇十二子胤裪分理正黄、正白、正蓝满蒙汉三旗事务。

康熙五十八年（1719 年），65 岁

正月，诏立功之臣退闲，世职准子弟承袭，若无承袭之人，给俸终其身。

二月，学士蒋廷锡表进《皇舆全览图》，颁赐廷臣。

四月，命抚远大将军胤禵驻师西宁。

十月，命蒙养斋举人王阑生修《正音韵图》。

康熙五十九年（1720 年），66 岁

二月，册封新胡必勒罕为六世达赖喇嘛，结束了五世达赖喇嘛之后的西藏宗教领袖不定的局面。

十月，诏抚远大将军胤禵会议明年师期。定外藩朝觐年例。

康熙六十年（1721 年），67 岁

正月，康熙帝以御极六十年，遣皇四子胤禛、皇十二子胤祹、世子弘晟祭永陵、福陵、昭陵。

三月，大学士王掞先密疏复储，后御史陶彝等十三人疏请建储，康熙帝不许，王掞、陶彝等被治罪，遣往军前效力。

四月，诏厘定历代帝王庙崇祀祀典。命噶尔弼等帅兵驻西藏。

八月，遣兵驻吐鲁番。

九月，上制平定西藏碑文。

十月，召抚远大将军胤禵来京。

康熙六十一年（1722 年），68 岁

正月，举行千叟宴，康熙帝赋诗，诸臣属和，题曰《千叟宴诗》。

三月，至皇四子胤禛邸园饮酒赏花，命将其子弘历养育宫中。

十月，命雍亲王胤禛等视察仓储。

十一月，康熙帝不豫，还驻畅春园，旋病逝。遗诏皇四子胤禛继位，是谓雍正帝。